Christina Kleiner-Röhr

Vollwertmenüs
ohne Fleisch
Frische Küche rund ums Jahr

mit einer ärztlichen Empfehlung
von Dr. med. Max-Otto Bruker

Hädecke Verlag

Verbesserte Neuausgabe

ISBN 3-7750-0130-1
Farbfotos: Studio Gerlach, 6000 Frankfurt/Main.
Farbtafeln Seite 10/11: Deutscher Brauerbund, 5300 Bonn.
Illustrationen von Rainer Simon, 7030 Böblingen.
© Walter Hädecke Verlag, D-7252 Weil der Stadt, 1984.
© Neuausgabe 1987.
Satz: Fotosetzerei Dettinger, 7000 Stuttgart 80.
Druck: W. Röck, 7102 Weinsberg, 1987.

Inhaltsverzeichnis

Alle Rezepte sind für vier Personen gedacht.
Die Zubereitungszeiten sind Richtwerte; je nach Erfahrung
können sie variieren.

Ärztliche Empfehlung

Wenn ich als Arzt und Ernährungswissenschaftler, der sich auch mit der Bekämpfung der ernährungsbedingten Zivilisationskrankheiten beschäftigt, gerne der Bitte nachkomme, ein Vorwort zu dem vorliegenden Buch zu schreiben, hat dies mehrere Gründe.

Der wichtigste Grund liegt darin, daß die Autorin zeigt, wie eine vitalstoffreiche Vollwertkost so praktiziert werden kann, daß dabei besonders wohlschmeckende Gerichte entstehen.

Wenn schon dieses Buch auf der Basis einer vitalstoffreichen Vollwertkost entstanden ist, so erscheint es sinnvoll, die Krankheiten aufzuzählen, die mit einer solchen Kost verhütet werden können. Sind die Krankheiten bereits vorhanden, so ist dies zugleich die geeignete Ernährung, sie aufzuhalten bzw. ihr Fortschreiten zu verlangsamen. Es handelt sich um die klassischen ernährungsbedingten Zivilisationskrankheiten: Gebißverfall, Zahnkaries und Parodontose, die Erkrankungen des Bewegungsapparates, die sogenannten rheumatischen Erkrankungen, die Arthrose und Arthritis, die Wirbelsäulen- und Bandscheibenschäden, alle Stoffwechselkrankheiten wie Fettsucht, Zuckerkrankheit, Leberschäden, Gallensteine, Nierensteine, Gicht usw., die meisten Erkrankungen der Verdauungsorgane wie die Stuhlverstopfung, Bauchspeicheldrüsen-, Dünn- und Dickdarmerkrankungen, Verdauungs- und Fermentstörungen, Gefäßerkrankungen wie Arteriosklerose, Herzinfarkt, mangelnde Infektabwehr, sogenannte Erkältungen des Nervensystems und in gewissem Maße auch Krebs. Parallel zu der bedrohlich anwachsenden Krankheitswelle in den zivilisierten Völkern dringt langsam, aber doch stetig zunehmend, die Erkenntnis in die Bevölkerung ein, daß diese Krankheiten mit der üblichen bürgerlichen Kost zusammenhängen. Aber nur wenigen ist es bewußt, daß das, was heute der Bürger im Durchschnitt ißt, sich von dem, was seine Großeltern aßen, erheblich und grundsätzlich unterscheidet. Die Lebensmittel stammten damals unmittelbar aus der Landwirtschaft, während heute der größte Teil der Zivilisationskost von der Nahrungsmittelindustrie geliefert wird. Dort werden durch fabrikationstechnische Verarbeitung die Lebensmittel, die neben den Nährstoffen Eiweiß, Fett und Kohlehydraten noch biologische Wirkstoffe, sogenannte Vitalstoffe enthalten, in Nahrungsmittel verwandelt, denen Vitalstoffe weitgehend fehlen. Dieser Einbruch der Technik in den Nahrungsmittelbereich vollzog sich so allmählich, daß es der Bevölkerung nicht bewußt wurde.

Es ist eine wichtige Aufgabe der zunächst noch wenigen Ärzte, die sich für die Vorbeugung und Behandlung ernährungsbedingter Krankheiten einsetzen, das Wissen über die Zusammenhänge zwischen Ernährung und Krankheit zu verbreiten. Dies ist ein schwieriges Unterfangen, da einer kleinen Schar unabhängiger Ernährungswissenschaftler die riesige Werbung für industriell verarbeitete Nahrungsmittel, die keine *Lebens*mittel mehr sind, gegenübersteht. Zur Eindämmung dieser Krankheitslawine ist die Küchenpraxis, die den Gesundheitsaspekt mit einbezieht, genauso wichtig wie das Wissen um die theoretischen Hintergründe.

In letzter Zeit sind in dieser Hinsicht schon eine Reihe von Gesundheitskochbüchern erschienen. Trotzdem ist die Auswahl noch nicht groß genug, so daß jedes neue Buch er-

wünscht ist, das zu einer „gesunden Küche"
beiträgt.

Ein wesentliches Hindernis, das einer solchen gesunden Küche entgegensteht, liegt in der alten Vorstellung, eine Kost, die nach gesundheitlichen Gesichtspunkten ausgerichtet ist, könne nicht gleichzeitig auch gut schmecken, Solche Vorurteile auszuräumen, ist dieses Buch ganz hervorragend geeignet.

Frau Kleiner-Röhr hat schon in ihrem ersten Buch „Neue Vollkornrezepte" gezeigt, mit welchem Geschick sie versteht, köstliche und schmackhafte Gerichte zu zaubern. Sie kocht nicht, sondern sie stellt Speisen zusammen, die, wie sie selbst sagt, Heiterkeit und Zufriedenheit herbeizaubern. Daß die Gerichte zugleich auch nach gesunderhaltenden Gesichtspunkten zusammengestellt sind, merkt der Genießer überhaupt nicht. Es kommt ihm nicht zum Bewußtsein, daß keine raffinierten Kohlenhydrate wie Auszugsmehl und Fabrikzucker verwendet werden. Nur der Unerfahrene wird sich wundern,

daß er trotzdem wohlschmeckende Süßspeisen findet. Richtiger wäre zu sagen, daß sie nicht trotzdem, sondern deshalb gut, wenn nicht sogar noch besser schmecken. Fades Auszugsmehl durch aromatische Vollkornprodukte zu ersetzen, bedeutet eine höhere Stufe der Kochkunst. Die angebotenen Menüs sind Erzeugnisse strahlender Begeisterung. Sie sind nicht am Schreibtisch erdacht, sondern aus einer Mischung von Phantasie, Begabung und praktischer Erfahrung geboren.

Aus ärztlicher Sicht bin ich überzeugt, daß das Buch auf seine Weise einen gebührenden Beitrag dazu leisten wird, die Volksseuche der ernährungsbedingten Zivilisationskrankheiten einzudämmen.

Dr. med. Max-Otto Bruker
Facharzt für Innere Medizin
Leiter des Krankenhauses Lahnhöhe
in D-5420 Lahnstein

Vorwort

Wagt's mit meiner Kost, ihr Esser!
Morgen schmeckt es euch schon besser
und schon übermorgen gut.

Nietzsche

Mit diesem Buch möchte ich zwei Menschen danken, die mich auf den Weg der bewußten Ordnung der Ernährung durch die Vollwertkost geführt haben.

Es waren dies indirekt mein Vater, der an den Folgen einer ernährungsbedingten Krankheit gestorben ist, und Dr. med. M.-O. Bruker, der Arzt und Ernährungswissenschaftler, dessen Erkenntnisse sich durch mehr als 40jährige praktische Erfahrung an seinen Patienten bestätigt haben.

Ich wurde seine begeisterte Schülerin, nachdem ich an mir selbst erleben durfte, wie sich nach drei Tagen der Ernährungsumstellung die Verdauung ordnete, wie mir langsam wieder feste Fingernägel wuchsen und wie meine Konzentrationsfähigkeit erstaunlich zunahm.

Zum tieferen Verständnis der biologischen Vorgänge empfehle ich das Lesen der Bücher von Prof. Kollath und Dr. Bruker.

Aus dem Wunsch meine Erfahrungen weiterzugeben, entstand die Idee meines Hotels „Sonnenschlößchen" in Bad Teinach, wo ich mit den hier zusammengefaßten Menüs meine Gäste verwöhne.

Dabei lege ich besonderen Wert darauf, die Lebensmittel so frisch wie möglich auf den Tisch zu bringen und die Kochzeit auf ein Minimum zu beschränken. Die Speisen werden mit Blütenhonig, Bananen, Kakifrüchten oder Trockenfrüchten gesüßt. Für Brote, Brötchen und Mehlspeisen aller Art verwende ich nur frischgemahlenes Getreide. Mit kaltgeschlagenem Sonnenblumen- oder Olivenöl bereichere ich die Gerichte und „streichle" diese zum Schluß mit Butter oder Sahne. Dadurch wird der Bedarf an fettlöslichen Vitaminen gedeckt. Vitamine sind Zündstoffe, die die Fermente für ihre spezielle Aufgabe im Stoffwechsel funktionstüchtig machen. Meine Gäste trinken neben Mineralwasser nach Wunsch auch ein Gläschen naturreinen Weißwein oder ein Glas Bier.

Um auf Erden glücklich zu leben, bedürfen wir eines gesunden Geistes, der in einem gesunden Körper wohnt. Wie für die Seele der Geist es ist, der lebendig macht, so ist es für den Körper die ausreichende Bewegung, die richtige Atmung und die vollwertige Ernährung.

Warum ich in meinen Rezepten auf die Kalorien- oder Jouleangaben verzichtet habe:

Die neue Ernährungslehre mißt die Nahrung nach dem Grad ihrer Lebendigkeit und biologischer Wertigkeit und nicht nach der Menge ihrer Kalorien. Der Gehalt an Vitalstoffen (Mineralstoffen, Spurenelementen, Vitaminen, Enzymen, ungesättigten Fettsäuren, Faserstoffen) ist zur Gesunderhaltung unseres Organismus notwendig.

Eine weitere wesentliche Bedingung für eine vollwertige Kost ist die richtige Zusammenstellung der Mahlzeiten. Die Menüs sollten so abwechslungsreich wie möglich sein. Die Mahlzeit beginnt mit einer reichhaltigen Frischkost, und diese sollte dem Körper mit allen Vital- und Faserstoffen zugeführt werden. Das heißt, wir sollten z. B. die ganze Gurke (mit Schale), die ganze Rübe und auch die äußeren grünen Blätter des Salates verzehren. Die wichtigen Faserstoffe haben ein hohes Quellvermögen. Sie regen den Darm zu verstärkter Peristaltik an. Da sie die dort befindlichen Gifte binden und somit für eine gesunde Darmflora sorgen können, sollten wir sogar gespritztes Obst und Gemüse mit der Schale essen, wenn es absolut nicht ungespritzt zu bekommen ist. Nach einer reichlichen Frischkostvorspeise reduziert sich der Appetit auf die warme Mahlzeit automatisch. Und das ist gut so, denn auch die vorsichtigste Kochweise kann nicht alle Vitalstoffe erhalten.

Ich werde oft gefragt, ob die Zubereitungs- und Garzeiten in meinen Rezepten nicht zu knapp angegeben sind. Dazu darf ich sagen, daß ich eine schnelle und konzentrierte Arbeiterin bin; deshalb ist es gut möglich, daß etwas „Ungeübte" ein wenig länger für die Zubereitung brauchen. Die Garzeiten können insofern variieren, als jeder Herd anders reagiert – es handelt sich um „Erfahrungszeiten".

CHRISTINA KLEINER-RÖHR

Frühjahrsmenüs

◁   Ostermenü, Seite 24/25

Erntefrisch auf den Tisch

Das bietet der Markt an frischem Obst und Gemüse im Frühjahr:
(Mitte März, April, Mai, Mitte Juni)

Rhabarber,
Erdbeeren,
Grapefruits,
Pomelos,
Orangen.
Brokkoli,
Chicorée,
Fenchel,
Frühlingslauch oder -zwiebeln,
Frühlingswirsing,
Karotten,
Kartoffeln,
Kohlrabi,
Radicchio,
Radieschen,
Rosenkohl,
Schwarzwurzeln,
Spargel,
Spinat,
Staudensellerie.

Sonnenschlößchenmenü

Chicoréeblume
*
Zucchinisuppe
*
Eierspinat mit Schwarzwurzeln
*
Steenbergspeise

Chicoréeblume

Zucchinisuppe

250 g Chicorée.
Für die Sauce:
100 g TomatenMayonnaise,
1 Eßl. Schlagsahne.

Zubereitungszeit: 10 Minuten

Den Chicorée putzen, in Blätter teilen, waschen und abtrocknen. Auf einen großen Teller in die Mitte eine kleine Schüssel stellen und die Blätter blumenähnlich darum legen. Die Schlagsahne unter die Tomatenmayonnaise ziehen und in die kleine Schüssel füllen.

Tomatenmayonnaise:

3 Eier, 1 Eßl. Zitronensaft, 1 Eßl. Senf,
$^1/_2$ Teel. Kräutersalz, 200 g Öl,
50 g Tomatenketchup.

Alle Zutaten, einschließlich Kräutersalz im Mixer aufschlagen, das Öl langsam in die rotierende Masse gießen, zum Schluß das Ketchup einrühren.

400 g Zucchini (Courgettes), 2 Zwiebeln
$^1/_4 - ^3/_8$ l Gemüsebrühe,
2 Knoblauchzehen,
$^1/_2$ Teel. Kräutersalz, 2 Eßl. Dill (gehackt),
1 Tasse Schlagsahne,
2 Eßl. halbierte Cashewnüsse.

Zubereitungszeit: 25 Minuten
Garzeit: 2 – 3 Minuten

Die Zucchini waschen. 300 g davon zusammen mit den Zwiebeln im Mixer pürieren. Danach in der Gemüsebrühe 1 Minute kochen. Die restlichen 100 g Zucchini in Scheiben schneiden und hinzufügen. Mit den ausgepreßten Knoblauchzehen, dem Kräutersalz und dem Dill abschmecken. Die Sahne schlagen und mit den halbierten Cashewnüssen vorsichtig unterziehen.

Eierspinat mit Schwarzwurzeln

4 Eier, 8 Eßl. Wasser,
4 Eßl. süße Sahne,
1 kleine Zwiebel, 1 Knoblauchzehe,
$^1/_2$ Teel. Kräutersalz,
150 g Blattspinat (frisch oder tiefgekühlt),
1 Teel. Butter, 4 Tomatenscheiben,
1 l Wasser, 2 Gemüsebrühwürfel,
2 Eßl. gemahlener Weizen,
500 g Schwarzwurzeln,
50 g Mandelblättchen, 50 g Butter.

Zubereitungszeit: 20 Minuten
Backzeit: 60 Minuten

Die Eier mit dem Wasser, der süßen Sahne, der gehackten Zwiebel, der durch die Presse gedrückten Knoblauchzehe und dem Kräutersalz in eine Rührschüssel geben und mit dem elektrischen Rührgerät aufschlagen. Den vorbereiteten Spinat untermengen. Eine feuerfeste Form mit Butter ausstreichen, den Eierspinat in die Form füllen und mit den Tomatenscheiben dekorieren. Auf der zweiten Leiste von unten im vorgeheizten Backofen bei 150 °C (Gasherd Stufe 1 – 2) 60 Minuten backen.
Das Wasser mit den Gemüsebrühwürfeln und dem Weizen in einem Topf zum Kochen bringen. Die Schwarzwurzeln gründlich waschen und bürsten, mit dem Kartoffelschäler schälen und halbieren. Jedes Stück sofort in die Mehlbrühe geben, 5 Minuten bei kleinster Hitze garen lassen und auf einem Sieb abtropfen lassen (die Kochbrühe für eine Gemüsesuppe verwenden). Die Mandelblättchen im Ofen bräunen und unter die Schwarzwurzeln mengen.

Mein Tip: Gleich 250 g Mandelblättchen – als Vorrat – im Ofen bräunen.

Steenbergspeise

1 Päckchen gemahlene Gelatine (12 g),
3 Eßl. Wasser,
$^1/_2$ l Dickmilch,
1 Eßl. Zitronensaft,
1 Eßl. Blütenhonig,
200 g gefrorene Himbeeren, Blaubeeren oder Johannisbeeren,
$^1/_4$ l Schlagsahne.

Zubereitungszeit: 10 Minuten

Die Gelatine in 3 Eßl. Wasser 5 Minuten quellen lassen und danach bei kleinster Hitze auflösen. Die Dickmilch mit dem Zitronensaft, dem Blütenhonig und der aufgelösten Gelatine verrühren. Die gefrorenen Beeren untermengen. Sobald die Creme gestockt ist, die geschlagene Sahne vorsichtig unterziehen. Die Speise in eine Schüssel füllen und mit Beeren und Pistazienhälften (als Blätter) garnieren.

Umzugs- oder Richtfestmenü

Sauerkrautsalat oder heißer Kartoffelsalat

*

Linseneintopf

*

Käseplatte

Sauerkrautsalat

100 g Sauerkraut,
250 g Möhren,
100 g blaue Trauben,
2 Eßl. Öl,
100 g saure Sahne,
1 Teel. Senf.

Zubereitungszeit: 15 Minuten

Das Sauerkraut zerkleinern und in eine Schüssel geben. Die Möhren waschen, abtrocknen und grob raspeln. Die Trauben waschen, abtrocknen, halbieren und mit den Möhren unter das Sauerkraut mischen. Aus dem Öl, der sauren Sahne und dem Senf eine Sauce herstellen. Diese über die Salatzutaten gießen und sorgfältig mischen.

Heißer Kartoffelsalat

500 g kleine neue Kartoffeln,
1 knapper Teel. Kräutersalz,
3 Eßl. Öl, 1$^1/_2$ Eßl. Essig,
1 gehackte Zwiebel,
2 Eßl. gehackte Petersilie.

Zubereitungszeit: 20 – 25 Minuten

Die Kartoffeln waschen, tüchtig bürsten, in Viertel schneiden und etwa 10 – 15 Minuten in einem Kartoffeldämpfer weichkochen. Aus dem Salz, dem Öl, dem Essig und der Zwiebel eine Sauce bereiten, kurz erhitzen und diese mit der Petersilie über die heißen Kartoffeln gießen. Den Salat gut durchmischen und sofort servieren.

Linseneintopf

250 g Linsen,
1 l Wasser, 1 Schuß Obstessig,
2 Gemüsebrühwürfel,
100 g geriebene Mohrrüben,
100 g geriebene Kartoffeln,
1 fein gehackte Zwiebel.

Zubereitungszeit: 10 Minuten
Garzeit: 20 – 25 Minuten

Die Linsen über Nacht in einem Topf in Wasser einweichen. Am nächsten Tag mit den Gemüsebrühwürfeln aufkochen und 20 Minuten köcheln lassen. Die Mohrrüben, die Kartoffeln und die Zwiebel zufügen und weitere 2 Minuten köcheln.

Käseplatte

100 g Butterkäse,
100 g Weinkäse,
100 g französischer Weichkäse,
100 g Schafskäse,
8 Butterkügelchen,
100 g Kresse,
200 g Radieschen.

Zubereitungszeit: 10 Minuten

In die Mitte einer großen runden Platte die Butterkügelchen pyramidenförmig schichten. Die Kresse als Ring darumlegen, darauf abwechselnd die Radieschen (evtl. als Röschen geschnitten), eine Käsesorte usw. verteilen. Dazu Vollkornbrot reichen.

Bei Umzügen meiner Freunde erschien ich grundsätzlich mit diesem Menü. Die Freude war jedesmal so groß, daß ich die Idee weitergeben möchte.

Eine zweite nette Bewirtungsidee am Umzugstag durften wir erfahren, als wir in unser erstes eigenes Haus zogen. Als unsere Möbel ihre Plätze gefunden hatten, Kisten und Kartons aus- und eingeräumt waren, klingelte es schon. Nicht wenig erstaunt war ich, als liebe Freunde mit wirklich vitalstoffreichen Brötchenplatten vor der Tür standen:

Vollkorn-Brötchen (s. Ferienmenü)
– mit Kräuterbutter und
 Tomatenscheiben belegt,
– *mit Tomatenbutter und*
 Gurkenscheiben belegt,
– *mit Champignonbutter,*
 Champignonscheiben und Petersilie
 belegt.

Einen schöneren Ausklang für eine Umzugstag könnte ich mir kaum vorstellen. Diese Idee gilt ebenso für jeden Empfang oder für einen Fünf-Uhr-Tee.

Buntes Menü – östlich angehaucht

Spinatsuppe

*

Brokkolisalat mit Radieschen

*

Auberginengericht mit Kichererbsen

*

Apfelschnee

Spinatsuppe

100 g Spinat,
1 Zwiebel,
1 Knoblauchzehe,
¼ l Gemüsebrühe,
1 Tasse geschlagene Sahne,
1 hartgekochtes Ei.

Zubereitungszeit: 20 Minuten
Garzeit: 5 Minuten

Den Spinat waschen und mit der Zwiebel im Mixer pürieren. Zusammen mit der durch die Presse gedrückten Knoblauchzehe in ¼ Liter Gemüsebrühe aufkochen. Die geschlagene Sahne vorsichtig unterziehen. Die Suppe in Tassen füllen und das in Scheiben geschnitttene Ei auf der Suppe schwimmen lassen.

Brokkolisalat mit Radieschen

200 g Brokkolistengel,
100 g Radieschen,
200 g saure Sahne,
3 Eßl. geschnittener Schnittlauch,
½ Teel. Kräutersalz.

Zubereitungszeit: 10 Minuten

Die Brokkolistengel schälen und mit den Radieschen in dünne Scheiben schneiden und in eine Schüssel geben. Die saure Sahne, den Schnittlauch und das Kräutersalz hinzufügen und miteinander vermengen.

Auberginengericht mit Kichererbsen

125 g Kichererbsen,
1 l Wasser, 2 Würfel Gemüsebrühe,
4 große Zwiebeln,
4 Eßl. Öl,
2 große Auberginen,
4 große Fleischtomaten,
etwas Kräutersalz und frisch gemahlener
Pfeffer.

Vorbereitung: am Vorabend
Zubereitungszeit: 40 Minuten
Garzeit: 40 Minuten

Die Erbsen über Nacht einweichen. In dem Wasser mit einem Gemüsebrühwürfel 15 Minuten kochen. Die Zwiebeln schälen, in Ringe schneiden und in dem Öl in einer Pfanne goldgelb braten. Die Auberginen und die Tomaten waschen, abtrocknen, in Scheiben schneiden und mit dem Kräutersalz und dem Pfeffer bestreuen. In eine feuerfeste Form erst eine Schicht Auberginenscheiben, darauf eine Schicht Tomatenscheiben und darauf die Hälfte der gegarten Kichererbsen legen. Dann die Hälfte der Zwiebelringe und noch einmal eine Schicht Auberginen, Zwiebeln und Kichererbsen. Zum Schluß noch eine Schicht Tomatenscheiben. Die Gemüsebrühe über den Auflauf gießen. Auf der mittleren Schiene im vorgeheizten Backofen bei 200 °C (Gasherd Stufe 3) 40 Minuten garen. Vor dem Servieren mit gehackter Petersilie reichlich bestreuen.

Apfelschnee

4 Äpfel,
2 Eßl. Zitronensaft,
2 Eßl. Honig,
200 g Schlagsahne.

Zubereitungszeit: 10 Minuten

Die Äpfel waschen und im Mixer mit dem Zitronensaft und dem Honig pürieren. Die Sahne schlagen und unter das frische Apfelmus heben.

Menü ohne Reue

Spargelsalat
*
Rote Rüben in Dillsauce
*
Sahnereis mit Honig, Zimt und Butter

Spargelsalat

500 g Spargel, etwas Kräutersalz.
Sauce:
4 Eßl. Öl,
2 hartgekochte Eier,
2 Eßl. gehackte Petersilie,
2 Eßl. Zitronensaft.

Zubereitungszeit: 25 – 30 Minuten
Garzeit: 10 Minuten

Den Spargel waschen, schälen und in 5 cm lange Stücke schneiden. Die Schalen auf ein Gemüsesieb legen und darauf den Spargel geben. In einem Topf etwas Wasser zum Kochen bringen, darauf das Sieb mit dem Spargel legen und den Topf schließen. Den Spargel 10 – 12 Minuten im Wasserdampf garen lassen. Das Öl in eine Schüssel geben, die hartgekochten Eier hacken, mit Petersilie, Zitronensaft und Kräutersalz vermengen. Den Spargel mit der Sauce vermischen.

Rote Rüben in Dillsauce

500 g kleine Rote Rüben (Rote Bete),
1 Eßl. Öl, 1 Teel. Kräutersalz,
etwas Pfeffer,
100 g saure Sahne,
$1^1/_2$ Eßl. fein gehackter Dill.
Zum Garnieren: $^1/_2$ Eßl. fein gehackter Dill.

Zubereitungszeit: 10 Minuten
Garzeit: 15 Minuten

Die Roten Rüben in einem Gemüsesieb über Wasserdampf ca. 15 Minuten garen.
Den Rüben Kräutersalz, Pfeffer, saure Sahne und Dill hinzufügen, kurz aufkochen und vor dem Servieren mit gehacktem Dill bestreuen.

Sahnereis mit Honig, Zimt und Butter

200 g Naturreis (Rundkorn),
$^1/_2$ l Wasser,
100 g süße Sahne,
2 Eßl. Butter,
2 Eßl. Honig,
1 Teel. Zimt.

Einweichzeit: über Nacht
Zubereitungszeit: 10 Minuten
Garzeit: 10 Minuten
Quellzeit: 5 Minuten

Den Reis in dem Wasser über Nacht einweichen. Am nächsten Tag aufkochen und umrühren. Den Topf schließen und den Reis 10 Minuten bei kleinster Hitze garen. Den Herd abstellen, Reis 5 Minuten quellen lassen und die süße Sahne hinzufügen. Die Butter zerlassen, den Honig und den Zimt hinzufügen. Den Reis in eine Schüssel geben und mit der Honig-Zimt-Butter-Mischung servieren.

Karfreitagmenü

Blumenkohlsalat „Surprise"
*
Blattspinathügel mit Champignons
*
La belle et la bonne

Blumenkohlsalat „Surprise"

1 großer Blumenkohl,
etwas Kräutersalz,
100 g Gurke,
8 Salatblätter, 4 Tomaten,
4 hartgekochte Eier.

Zubereitungszeit: 30 Minuten
Garzeit: 5 – 10 Minuten

Den Blumenkohl waschen, von den dicken Strünken befreien, mit etwas Kräutersalz bestreuen und auf ein Gemüsesieb legen. In einem Topf etwas Wasser zum Kochen bringen, darauf das Sieb mit dem Blumenkohl legen und den Topf mit dem Deckel schließen.

Den Blumenkohl bei kleinster Hitze 5 – 10 Minuten garen. Die Gurke in Scheiben schneiden und mit Hilfe eines Messers zwischen die Röschen schieben. Eine große runde Platte mit gewaschenen, getrockneten Salatblättern belegen, den Blumenkohl in die Mitte setzen, die Tomaten und die Eier halbieren und um den Blumenkohl legen.

Das paßt dazu:
Salatsaucen (siehe Salate haben immer Saison), Brot und Butter.

Blattspinathügel
mit Champignons

Für die Mousselinesauce:
4 Eigelb, 4 Eiweiß,
1 Teel. Kräutersalz, 1 Eßl. Zitronensaft,
100 g Butter.

1 kg Blattspinat oder
2 Pakete gefrorener Blattspinat,
etwas Wasser,
1 Teel. Kräutersalz,
etwas frisch gemahlener Pfeffer,
2 mit Öl gepreßte Knoblauchzehen,
$1/2$ gehackte Gemüsezwiebel oder 2 Früh-
lingszwiebeln (Lauchzwiebeln) ohne Grün,
100 g Butter,
500 g Champignons, 50 g Butter.

Zubereitungszeit: 30 – 40 Minuten

Sauce: In einen Topf eine Tasse Wasser füllen und dieses zum Kochen bringen. Die Eigelbe mit dem Kräutersalz, dem Zitronensaft
und der Butter in eine kleine Kasserolle oder
feuerfeste Schüssel geben und diese in das
kochende Wasser stellen. Sofort kräftig
schlagen, bis sich die Eier und die Butter zu
einer rahmigen Creme verbunden haben.
Die Kasserolle oder feuerfeste Form aus dem
Topf nehmen. Die Eiweiße aufschlagen und
vorsichtig unter die Sauce heben.

Spinat: Den Spinat waschen, kurz in einem
Topf in etwas Wasser dünsten. Mit dem
Kräutersalz, dem frisch gemahlenen Pfeffer,
dem Knoblauch, der gehackten Zwiebel und
der zerlassenen Butter vermengen. Hügelförmig auf einer erwärmten, länglichen, feuerfesten Form anrichten und bei 120 ° C (Gasherd Stufe 2) im Ofen warmhalten. Die
Champignons putzen, waschen, abtrocknen
und kurz in zerlassener Butter schwenken.
Die Pilze auf den Spinat setzen und mit der
Sauce übergießen. Mit Tomatenachteln garnieren und dazu Petersilienkartoffeln servieren.

La belle et la bonne

$1/2$ l Dickmilch,
150 g Beeren nach Wahl,
50 g Honig, 50 g Sultaninen,
100 g Brotbrösel,
1 Päckchen gemahlene Gelatine,
3 Eßl. Wasser.

Zubereitungszeit: 10 Minuten

Die Gelatine in dem Wasser 5 Minuten quellen lassen und auf kleiner Hitze auflösen.
Die Dickmilch mit den Beeren, dem Honig,
den Sultaninen und den Brotbröseln in einer
Schüssel verrühren und die aufgelöste Gelatine untermengen. Kaltstellen, evtl. mit eini-
gen Beeren garnieren.

Ostermenü

Gefüllter Salatkopf

*

Frühlingssuppe

*

Champignontaschen mit Brokkoli

*

Pas'cha

Gefüllter Salatkopf

1 Kopfsalat, 2 Tomaten,
$^1/_4$ Gurke, 1 Chicorée,
2 Eßl. Öl, 1 Eßl. Zitronensaft,
$^1/_2$ Teel. Kräutersalz,
1 Teel. Dillspitzen,
1 Knoblauchzehe.

Zubereitungszeit: 15 Minuten

Den ganzen Salat waschen und gut abtropfen lassen. Das Herz vorsichtig herausschneiden. Diese grüne „Naturschüssel" mit den in Stücke geschnittenen Tomaten, Gurken und Chicoréestreifen füllen. Eine Sauce aus dem Öl, dem Zitronensaft, dem Kräutersalz, den Dillspitzen und der ausgepreßten Knoblauchzehe darübergießen.

Variante:
1 Kopfsalat,
300 g Radieschen oder Rettichscheiben,
2 Eßl. Sonnenblumenkerne, Ölsauce,
1 Eßl. Schnittlauch.

Russisch-baltische Frühlingssuppe

1 l Wasser, 2 Gemüsebrühwürfel,
3 Kartoffeln,
2 Handvoll Sauerampfer oder Spinat,
2 Eigelb, 20 g Butter.
Zum Servieren: saure Sahne.

Zubereitungszeit: 15 – 20 Minuten

Das Wasser mit den Gemüsebrühwürfeln zum Kochen bringen. Die Kartoffeln waschen, bürsten, in die Brühe reiben und aufkochen. Den Sauerampfer waschen, fein hacken und hinzufügen. Die Suppe mit den Eigelben legieren und mit der Butter anreichern. Mit Sahne servieren.

Champignontaschen mit Brokkoli

8 große Steinchampignons,
1 Bund Petersilie,
1 große mit Öl gepreßte Knoblauchzehe,
etwas Kräutersalz,
etwas Butter,
1 Paket Vollkornblätterteig aus dem
Reformhaus,
1 Eiklar.
Zum Bestreichen:
1 Eigelb.
500 g geputzter Brokkoli,
200 g Blumenkohlröschen,
200 g Gemüsemaiskörner,
1 l Wasser, 1 Gemüsebrühwürfel, Butter,
gemahlene, gebräunte Mandeln,
2 Tomaten, etwas Kräutersalz.

Zubereitungszeit: 20 Minuten
Backzeit: 15 – 20 Minuten

Die Champignons waschen, abtrocknen und den Stiel entfernen. Die Petersilie mit dem Knoblauch, dem Kräutersalz und der Butter vermengen. Die Pilze damit füllen. Die angetauten Blätterteigstücke ausrollen, die Enden mit Eiklar bestreichen, einen Pilz mit dem Kopf nach unten, den zweiten darauf mit dem Kopf nach oben setzen. Den Blätterteig um die Champignons wickeln. Die Champignontaschen auf ein kalt abgespültes Blech setzen, mit Eigelb bestreichen und 15 – 20 Minuten im vorgeheizten Backofen bei 200 ° C (Gasherd Stufe 3) backen.

Die Röschen des Brokkoli abschneiden, die Stiele wie Spargel schälen. Das Wasser mit dem Gemüsebrühwürfel in einem Topf zum Kochen bringen. In einem zweiten Topf die Butter zerlassen. Zuerst die Stiele etwa 4 Minuten in der Gemüsebrühe kochen, auf einem Seiher abtropfen lassen. Dann die Brokkoli- und Blumenkohlröschen in der Brühe 1 – 2 Minuten kochen. Die Stiele in der zerlassenen Butter schwenken, mit den Mandel-

bröseln bestreuen und in einer feuerfesten Form anrichten. Die ebenfalls abgetropften Röschen in Butter schwenken und mit Mandeln bestreuen und um die Stiele legen. Die Maiskörner 1 Minute in der Gemüsebrühe kochen, abseihen, in Butter schwenken, in der Mitte der Form hügelförmig anrichten und mit 4 Tomatenhälften garnieren.

Zaren Pas'cha

Unerläßlicher Bestandteil der russischen Ostern ist die Pas'cha:

750 g trockener Quark oder Ricotta (in italie-nischen Geschäften erhältlich),
50 g Butter,
1 Eßl. Honig,
1 Prise Salz,
2 Eier, $^{1}/_{4}$ l Sahne,
100 g Rosinen,
100 g gehackte Mandeln,
$^{1}/_{4}$ Teel. Naturvanille.

Zubereitungszeit: 15 Minuten

Alle Zutaten miteinander vermengen und in einen zuerst mit Alufolie und dann mit einem Mulltuch ausgelegten Blumentopf füllen. 24 Stunden kaltstellen, danach auf einen Teller stürzen und mit einer roten Papierrose garnieren.

Pfingstmenü

Tomatenfächer

*

Spargel mit Kräuterdampfkartoffeln

*

Rhabarberkompott mit Feigen

Tomatenfächer

4 große Fleischtomaten,
2 hartgekochte Eier oder
16 Gurkenscheiben,
8 Salatblätter.
Ölsauce:
2 Eßl. Öl, 1 Eßl. Zitronensaft,
$^1/_2$ Teel. Kräutersalz,
evtl. etwas Dill.

Zubereitungszeit: 10 – 15 Minuten

Die Tomaten waschen, abtrocknen und fächerförmig einschneiden. Die hartgekochten Eier oder Gurken in Scheiben schneiden, diese halbieren und damit die Einschnitte der Tomaten füllen. Auf den Salatblättern anrichten und dazu die Ölsauce reichen.

Spargel mit Kräuterdampfkartoffeln

500 g Spargel,
$^1/_2$ Teel. Kräutersalz, $^1/_4$ l Wasser,
2 Eßl. zerlassene Butter,
500 g kleine Kartoffeln,
$^1/_2$ Teel. Kräutersalz,
1 Eßl. zerlassene Butter,
2 Eßl. gehackter Dill.

Zubereitungszeit: 20 Minuten
Garzeit: 20 Minuten

Den Spargel waschen und schälen. Die Schalen auf ein Gemüsesieb legen und darauf den Spargel geben. In einem Topf das Wasser zum Kochen bringen, darauf das Sieb legen und den Topf mit dem Deckel schließen. Den Spargel 10 Minuten im Wasserdampf garen lassen. Mit Kräutersalz würzen und in zerlassener Butter schwenken. Die Kartoffeln waschen, tüchtig bürsten und 20 Minuten in einem Kartoffeldämpfer garen lassen. Mit dem Kräutersalz bestreuen. Die Butter in einer Bratpfanne zerlassen, die Kartoffeln darin schwenken und mit dem gehackten Dill bestreuen.

Variante:
Gehackte, hartgekochte Eier, gehackte Petersilie.

Rhabarberkompott mit Feigen

1 kg Rhabarber,
Schale einer ungespritzten Zitrone,
150 – 200 g getrocknete Feigen,
knapp 1 l Wasser,
evtl. etwas Honig zum Nachsüßen.

Zubereitungszeit: 10 – 15 Minuten

Den Rhabarber waschen, nicht abziehen, und in kleine Stücke schneiden. Die Zitronenschale, die kleingeschnittenen Feigen mit dem Wasser in einem Topf zum Kochen bringen. Den Rhabarber zufügen und die Hitzezufuhr abstellen. Die Süße der Feigen mildert die Säure des Rhabarbers.

Kochen sollte zur Küchenkunst werden.

Man kann hinter das Geheimnis der Kochkünste nicht allein über Kochrezepte kommen. Für diese sind ganz exakte Angaben insofern nicht möglich, weil die Geschmäcker bekanntlich verschieden sind. Der eine mag es gern pikanter, der andere süßer. Das eigene Gefühl sollte den Ausschlag geben: Erfindungsgabe, Liebe und auch ein gewisses Einfühlungsvermögen für die uns von der Natur geschenkten Lebensmittel. So können Gerichte, Speisen, Backwerke und Süßigkeiten entstehen, die der Kochkünstlerin oder dem -künstler das Gefühl geben: „Meine Komposition ist gelungen, weil ich meine Zunge und meine Nase durch die verschiedenen Geschmacksgefilde gleiten ließ."

Frische Kräuter

Ideal ist es, frische Kräuter unmittelbar vor dem Gebrauch zu schneiden, um sie den Speisen kurz vor dem Anrichten beizufügen. Sie verbessern nicht nur allein den Geschmack und das Aussehen ganz wesentlich, sondern liefern auch wichtige Vitalstoffe. Selbst wenn kein Garten vorhanden ist, können Sie die Kräuter in Blumentöpfen auf einem sonnigen Fensterbrett züchten. Nur darf man das Gießen nicht vergessen. Basilikum, Petersilie, Schnittlauch, Dill, Kresse und Kerbel sind für ein Hauskräuterfensterbrett geeignet. Größer ist die Auswahl, wenn der eigene Garten zur Verfügung steht. Basilikum, Borretsch, Dill, Estragon, Kerbel, Kresse, Liebstöckel, Majoran, Petersilie, Pimpinelle, Rosmarin, Salbei, Sauerampfer, Schnittlauch, Thymian, Waldmeister und Zitronenmelisse erhöhen die Gewürzkräuterfreuden.

Sommermenüs

Im Sommer

Im Sommer wächst dem Halm die Frucht,
Dem Baum der Reichtum frucht'ger Schwere,
Es reift und rundet sich die Beere
In langgedehnter Tage Wucht.

Die Erde ist ein üppig Bild
Gedrängter Fülle, guter Gaben,
Um ihre Menschen zu erlaben.
Am Himmel glüht der Sonnenschild.

Es scheint, als ob die rasche Zeit
Verhalte ihre flücht'gen Schritte,
Als sei des Lebens hohe Mitte
Von der Vergänglichkeit befreit.

GERTRUD HÖFER

◁ Mitsommermenü, Seite 34/35

Erntefrisch auf den Tisch

Das bietet der Markt an frischem Obst und Gemüse im Sommer:
(Mitte Juni, Juli, August, Mitte September)

Aprikosen,
Brombeeren,
Erdbeeren,
Feigen,
Heidelbeeren,
Himbeeren,
Johannisbeeren,
Kirschen,
Melonen,
Pfirsiche,
Stachelbeeren,
Zwetschgen (frühe Sorten).

Artischocken,
Auberginen,
Blumenkohl,
grüne Bohnen,
dicke Bohnen,
Brokkoli,
Courgettes (Zucchini),
Erbsen,
Fenchel,
Gurken,
Karotten,
Kohlrabi,
Kopfsalat,
Pflücksalat,
Rettiche,
Spargel,
Staudensellerie,
Tomaten,
Paprikaschoten,
Zuckerschoten,
junge Zwiebeln.

Mittsommermenü

Salat mit Maiskörnern

*

Tomatensuppe

*

Spargel mit Tomatenkörbchen

*

Eisbombe mit Früchten (Himbeeren)

Salat mit Maiskörnern

1 Kopfsalat,
100 g Maiskörner,
1 Eßl. Dill, 1 Eßl. Zitronensaft,
2 Eßl. Öl, $^1/_2$ Teel. Kräutersalz.

Zubereitungszeit: 10 Minuten

Den Kopfsalat putzen, waschen, zerkleinern, gut abtropfen lassen und in eine Schüssel geben. Den Mais und den feingeschnittenen Dill zufügen. Aus dem Zitronensaft, dem Öl und dem Kräutersalz eine Marinade herstellen und diese über den Salat gießen. Alles gut vermengen und mit Tomatenscheiben garnieren.

Tomatensuppe

500 g Tomaten, 1 Zwiebel,
1 Knoblauchzehe, $^1/_2$ Teel. Kräutersalz,
1 Eßl. Schnittlauch,
4 gefrorene Schlagsahnekringel.
(Steifgeschlagene Sahne in den Spritzbeutel füllen, mit der Sterntülle Ringe auf eine Platte spritzen und diese im Tiefkühlfach (oder -Schrank) gefrieren lassen.)

Zubereitungszeit: 10 Minuten

Die gewaschenen Tomaten mit der Zwiebel im Mixer pürieren. Die durch die Presse gedrückte Knoblauchzehe und das Kräutersalz zufügen und alles in einem Topf erhitzen; nicht kochen. Auf der angerichteten Tomatensuppe die Schlagsahneringe schwimmen lassen und die Suppe mit Schnittlauch bestreuen.

Mein Tip:
Um den Eigengeschmack einer Tomaten- oder Spinatsuppe zu heben, reibe ich eine kleine Zwiebel roh hinein.

Spargel mit Tomatenkörbchen

Hier handelt es sich weniger um einen Salat, als um ein sehr geselliges kaltes Spargelessen. Jeder hat seine zwei Saucenkörbchen auf dem Teller, holt sich mit der Hand immer wieder einen Spargel, taucht diesen in die Sauce und läßt es sich bei fröhlicher Unterhaltung schmecken.

1 kg Spargel, 1 Würfel Gemüsebrühe,
$^1/_2$ l Wasser,
Kräutersaucen (siehe Seite 48, Salate haben immer Saison),
8 große Tomaten,
8 große Salatblätter.

Zubereitungszeit: 50 Minuten
Garzeit: 10 Minuten

Den Spargel waschen und schälen. Die Schalen auf ein Gemüsesieb legen und darauf den Spargel geben. Wasser mit dem Gemüsebrühwürfel zum Kochen bringen und den Spargel 10 Minuten bei kleinster Flamme zugedeckt garen lassen. Die Kräutersaucen herstellen. Die Tomaten aushöhlen und mit den Kräutersaucen füllen. Die Salatblätter auf eine große runde Platte legen. In die Mitte der Platte eine große Kugelvase (oder ein ähnliches Gefäß) stellen und diese mit den erkalteten Spargeln (die Köpfe nach oben) füllen. Die mit den Saucen gefüllten Tomaten darum herum gruppieren.

Das paßt dazu:
Heißes Zwiebelbrot und Knoblauchbutter.

Vanilleeis mit Früchten (Eisbombe)

6 Eier, getrennt,
100 g Blütenhonig,
Mark von $^1/_4$ Vanilleschote,
$^1/_2$ l süße Sahne.

Zubereitungszeit: 15 Minuten

Die Eigelb mit 80 g Honig und dem Mark der Vanilleschote 10 Minuten cremig schlagen. Die Eiweiße zu steifem Schnee schlagen, den restlichen Honig (20 g) langsam hineinlaufen lassen und weiter schlagen, bis eine dickliche Masse entstanden ist. Die Sahne steif schlagen und die Eiermassen vorsichtig unterheben. In eine Gugelhupf- oder Eisbombenform füllen und 3 – 4 Stunden gefrieren lassen.
Mit Himbeeren servieren.

Varianten:
a) 100 g geröstete, gemahlene Haselnüsse unter das Grundrezept mengen.
b) 4 Eßl. Walnüsse und 4 Eßl. Rosinen unter das Grundrezept mengen.
c) 1 Eßl. Kakao, 2 Eßl. gehackte Mandeln und 1 weiteren Eßl. Honig unter das Grundrezept mengen.

Gartenfestmenü

Rettichsalat

*

Grünkern-Champignon-Auflauf

*

Zuckerschoten mit zerlassener Butter

*

Aufgeschlossene Aprikosen

Rettichsalat

100 g saure Sahne,
2 Eßl. Öl,
1 Eßl. Zitronensaft,
1/2 Teel. Kräutersalz,
2 Eßl. feingeschnittener Schnittlauch,
25 g Sonnenblumenkerne,
400 g rote Rettiche.

Zubereitungszeit: 15 – 20 Minuten

Aus saurer Sahne, Öl, Zitronensaft, Kräutersalz, Schnittlauch und den Sonnenblumenkernen eine Sauce herstellen. Die Rettiche waschen, grob raspeln und unter die Sauce mengen. Auf Salatblättern servieren.

Grünkern-Champignon-Auflauf

1 l Wasser,
2 Würfel Gemüsebrühe,
250 g grob geschroteter Grünkern,
250 g Champignons,
1 fein gehackte Zwiebel,
2 durch die Presse gedrückte Knoblauchzehen,
4 Eßl. gehackte Petersilie.
Für die Form: Butter oder Margarine.
Zum Garnieren: 4 Tomaten.

Zubereitungszeit: 15 Minuten
Backzeit: 15 – 20 Minuten

Das Wasser mit den Gemüsebrühwürfeln in einem Topf zum Kochen bringen. Den Grünkernschrot dazugeben, kurz aufkochen und 10 Minuten ausquellen lassen. Die Champignons waschen, grob zerkleinern und mit den Zwiebelstückchen, Knoblauchsaft und der Petersilie unter den Grünkern heben. Alles gut vermischen, in eine feuerfeste, mit Butter ausgestrichene Schüssel füllen und mit den Tomatenscheiben garnieren. Im vorgeheizten Backofen bei 180 ° C (Gasherd Stufe 2 – 3) noch etwa 15 – 20 Minuten backen.

Zuckerschoten mit zerlassener Butter

1 l Wasser,
2 Gemüsebrühwürfel,
1 kg Zuckerschoten,
100 g zerlassene Butter.

Zubereitungszeit: 10 Minuten

Das Wasser mit den Gemüsebrühwürfeln zum Kochen bringen. Die gewaschenen, geputzten Zuckerschoten darin 2 Minuten kochen, aus der Brühe nehmen und heiß mit der zerlassenen Butter servieren.

Aufgeschlossene Aprikosen

250 g Aprikosen,
50 g Haselnüsse,
1 Orange, 1 Eßl. Honig,
1 Teel. Zitronensaft,
100 g süße Sahne.

Zubereitungszeit: 15 Minuten

Die Aprikosen waschen, abtrocknen und entkernen. Ca. 200 g im Mixer pürieren und in eine Schüssel geben. Die Haselnüsse mit dem Orangenfleisch im Mixer mahlen, den Honig und den Zitronensaft hinzufügen, zusammen in die Schüssel mit dem Aprikosenpüree geben und unterheben. Die restlichen Aprikosen in kleine Stücke schneiden und mit der steif geschlagenen Sahne vorsichtig unter die Fruchtmasse heben.

Ferienmenü

Gemüse-Fondue

*

Estnische Brötchen

*

Gefüllte Pfirsiche

Gemüsefondue

Dieses außergewöhnlich gesellige Essen schmeckt am besten zur Zeit der ersten zarten Gemüse. Diese sollten ganz frisch und nicht chemisch behandelt sein. Sie richten die frischen Gemüse und Salate, z. B. kleine Tomaten, Radieschen, Karotten, Blumenkohlröschen, kleine Champignons, knackige Salate, Gurken usw. in großen Gläsern an und stellen jedem Gast „sein Fondue" an den Platz. Bereiten Sie mehrere Saucen, wie Dillsauce, Tomatensauce, Schnittlauch-Senfsauce usw. zu und füllen Sie diese in Schalen. Dazu reichen Sie heißes Zwiebelbrot und Knoblauchbutter. Jeder Gast nimmt sich verschiedene Saucen und etwas Knoblauchbutter auf seinen Teller und bricht sich ein Stück Zwiebelbrot ab. Die einzelnen Gemüse werden bei munterer Unterhaltung in die verschiedenen Saucen gedippt. „Lassen Sie es sich schmecken".

12 kleine Karotten, 12 kleine Tomaten,
12 kleine Champignons, 12 Radieschen,
12 Blumenkohlröschen, 1 rote Paprika,
1 grüne Paprika, 12 Stangenselleriestengel,
4 kleine Chicorée, 4 kleine Gurken,
8 kleine Frühlingszwiebeln.

Zubereitungszeit: 30 – 40 Minuten

Das gewaschene, gut abgetrocknete Gemüse in mundgerechte Stücke schneiden. In 4 kleinen Glasschalen oder breiten Gläsern anrichten. Dazu Dill- oder Tomatensauce und Zwiebelbrot mit Knoblauchbutter reichen.

Knoblauchbutter:
250 g Butter, 2 große Knoblauchzehen,
$^{1}/_{2}$ Teel. Kräutersalz.
Die Butter schaumig rühren, den durch die Presse gedrückten Knoblauch und das Kräutersalz hinzufügen und alles gut vermengen.

Varianten:
Statt Knoblauch 2 Eßl. Dill oder andere Kräuter oder 2 Eßl. Senf oder 2 Eßl. frischen Meerrettich oder 1 Teel. Paprikapulver.

Estnische Brötchen

500 g frisch gemahlener Weizen,
$^1/_2$ Würfel Hefe,
1 Eßl. Kräutersalz,
$^1/_2$ l Wasser,
100 g Butter.
Zum Bestreichen: 1 Eigelb.
Zum Bestreuen: Sesam oder Kümmel.

Zubereitungszeit: 30 Minuten
Backzeit: 20 Minuten

Den frisch gemahlenen Weizen in eine Schüssel geben und mit der zerbröckelten Hefe, dem Kräutersalz und dem Wasser vermengen. Die Butter mit einem elektrischen Handrührer aufschlagen, den Teig zufügen, alles gut durchkneten und 20 bis 30 Minuten ruhen lassen. Danach noch einmal kurz durchkneten. Falls der Teig zu flüssig ist, etwas gemahlenen Weizen unterkneten. Kleine runde Brötchen formen, auf ein mit Backpapier belegtes Blech setzen (oder in ausgebutterte Förmchen geben), mit Eigelb bestreichen, mit Sesam oder Kümmel bestreuen und bei 200 ° C (Gasherd Stufe 3) ca. 20 Minuten backen.

Gefüllte Pfirsiche

4 Pfirsiche,
1 Eßl. Honig,
$^1/_4$ l Schlagsahne,
12 Himbeeren,
1 Eßl. gemahlene Pistazien.

Zubereitungszeit: 15 Minuten

Die Pfirsiche halbieren und mit etwas Honig bestreichen. Die Sahne steifschlagen, auf die Schnittflächen spritzen, 3 Himbeeren in die Mitte legen und mit Pistazienkrümeln bestreuen.

Amerikanisches Menü

Gefüllte Gurken
*
Gebackene Kartoffeln
*
Mandelschnittbohnen mit Tomaten
*
Verzauberte Feigen

Gefüllte Gurken

1 grüne Gurke, 200 g Quark,
2 Eßl. Tomatenmark,
$^1/_2$ Teel. Kräutersalz,
1 Eßl. gehackte Zwiebel,
1 Teel. gehackter Dill,
8 Salatblätter.

Zubereitungszeit: 30 Minuten

Die Gurke waschen, abtrocknen, in Scheiben schneiden (2 – 3 cm dick) und diese etwas aushöhlen. Den Quark, Tomatenmark, Kräutersalz und die gehackten Ziebeln in eine Schüssel geben und gut verrühren. Diese Creme in einen Spritzbeutel geben und mit ihr die Gurkenscheiben füllen. Diese mit dem Dill bestreuen und das ganze auf eine mit Salatblättern ausgelegte Platte legen.

Gebackene Kartoffeln

4 große, mehlige Kartoffeln,
4 Teel. Butter.

Zubereitungszeit: 5 Minuten
Backzeit: 45 Minuten

Die Kartoffeln waschen, tüchtig bürsten und mit einer Gabel anpieksen. Dann 45 Minuten bei 250 ° C (Gasherd Stufe 3 – 4) im vorgeheizten Ofen backen lassen. Die Kartoffeln aufschlitzen und mit je 1 Teel. Butter füllen.

Variante: Anstelle von Butter zu den Kartoffeln Kräuterquark reichen.

Mandelschnittbohnen mit Tomaten

500 g Bohnen,
1 Teel. Kräutersalz,
50 g Butter,
50 g Mandelsplitter,
1 Eßl. gehackte Petersilie,
1 Eßl. Butter,
8 Tomatenhälften.

Zubereitungszeit: 20 – 25 Minuten
Garzeit: 10 Minuten

Die Bohnen waschen, putzen, schneiden, auf ein Gemüsesieb legen und mit dem Kräutersalz bestreuen. In einem Topf etwas Wasser zum Kochen bringen, darauf das Sieb mit den Bohnen legen und den Topf mit dem Deckel schließen. Die Bohnen 10 Minuten im Wasserdampf garen lassen. Die Butter in einem Topf zerlassen, mit den Mandelsplittern, der Petersilie und den Bohnen vermengen und auf einer vorgewärmten Platte anrichten. Die Butter in der Pfanne zerlassen und die Tomatenhälften darin von beiden Seiten je 1 Minute braten. Um die Schnittbohnen legen und servieren.

Verzauberte Feigen

4 frische Feigen,
Vanilleeis (Rezept siehe Mittsommermenü),
1 Eßl. Pistazienkrümel,
4 Himbeeren (frisch oder gefroren).

Zubereitungszeit: 5 Minuten

Die Feigen halbieren, mit Vanilleeis belegen, Pistazienkrümel darüberstreuen und in die Mitte eine Himbeere setzen.

Meine Beziehungen zu Amerika

Als junge Frau verbrachte ich einmal ein Jahr mit meiner Familie in Amerika. Zu dieser Zeit waren die Lebensmittel in den USA spottbillig. Ich konnte also meiner Kochfantasie freien Lauf lassen. Und das tat ich mit einer Leidenschaft, die unsere Gäste so entzückte, daß auch wir bei den nettesten Amerikanern eingeladen wurden, die sich ebenfalls bemühten, uns zu verwöhnen. So habe ich auch die Herzen jener Amerikaner gewonnen, die nicht so schnell unbekannte Ausländer in ihr Haus bitten.
Nachstehendes Menü bekamen wir bei einer sehr kultivierten amerikanischen Familie serviert. Daß wir mit ihr noch heute befreundet sind, ist der Tatsache zuzuschreiben, daß die Liebe eben doch durch den Magen geht.

Grün-Gelb-Rot-Menü

Gurkensalat

*

Maissuppe

*

Paprikagemüse mit Vollwertreis

*

Rote Apfelspeise

Gurkensalat

1 große Gurke,
2 Eßl. Sonnenblumenkerne,
200 g saure Sahne,
1 Teel. Kräutersalz,
1 Knoblauchzehe,
1 Teel. Zitronensaft,
1 Eßl. gehackter Dill.

Zubereitungszeit: 10 Minuten

Die Gurke waschen, abtrocknen, in feine Scheiben schneiden und mit den Sonnenblumenkernen in eine Schüssel geben. Aus der sauren Sahne, dem Kräutersalz, der durch die Presse gedrückten Knoblauchzehe, dem Zitronensaft und dem gehackten Dill eine Sauce bereiten. Diese über die Gurken gießen. Erst bei Tisch vermischen.

Maissuppe

$^1/_2$ l Wasser, 1 Gemüsebrühwürfel,
2 Eßl. Maisgrieß,
1 Zwiebel, 2 Eßl. Öl,
1 Apfel, 1 Eigelb,
1 Eßl. saure Sahne,
etwas fein geschnittener Schnittlauch.

Zubereitungszeit: 15 Minuten

$^1/_2$ l Wasser mit dem Gemüsebrühwürfel und dem Maisgrieß zum Kochen bringen. 5 Minuten quellen lassen. Die Zwiebel schälen, fein hacken und in dem Öl in einer Pfannen goldgelb braten. Den Apfel reiben oder fein hacken und mit den Zwiebeln kurz andünsten. Das Zwiebel-Apfel-Gemisch im Mixer pürieren. Das Püree und die saure Sahne unter die Suppe mengen. Diese kurz erhitzen und in 4 Suppentassen gießen. Mit dem Schnittlauch bestreuen.

Paprikagemüse mit Vollwertreis

500 g rote Paprika,
250 g Tomaten,
200 g Zwiebelringe,
2 Eßl. Öl,
1^1/$_2$ Teel. Kräutersalz,
1 Knoblauchzehe,
2 Eßl. Butter,
^{1}/$_2$ Teel. Cayenne-Pfeffer.

Zubereitungszeit: 15 Minuten
Garzeit: 4 Minuten

Die Paprika waschen, halbieren, das Innere entfernen und die Schoten in 2 cm breite Streifen schneiden. Die Tomaten waschen und vierteln. Die Zwiebeln schälen und in Ringe schneiden. Die Zwiebelringe kurz in dem Öl anbraten und mit den Paprikastreifen und den Tomatenvierteln 4 Minuten garen. Mit dem Kräutersalz, der durch die Presse gedrückten Knoblauchzehe, der Butter und dem Cayenne-Pfeffer vermengen.

Vollwertreis:

1 Tasse Vollwertreis, 2 Tassen Wasser,
1 Gemüsebrühwürfel.

Garzeit: 35 – 40 Minuten

Das Wasser mit dem Gemüsebrühwürfel zum Kochen bringen, den Reis zufügen und bei geringer Hitzezufuhr ca. 35 – 40 Minuten langsam garen.

Rote Apfelspeise

500 g Äpfel,
1 l Wasser,
12 Blatt rote Gelatine,
^{1}/$_8$ l Wasser,
Abrieb und Saft einer ungespritzten Zitrone,
2 Eßl. Honig.
Flüssige Sahne zum Übergießen.

Zubereitungszeit: 10 – 15 Minuten

Das Wasser in einem Topf zum Kochen bringen. Die Äpfel grob raspeln und eine Minute im kochenden Wasser dämpfen, die Herdplatte abstellen, die Masse in eine Schüssel füllen und kalt stellen.
Die Gelatine in ^{1}/$_8$ l Wasser auflösen und mit dem Zitronenabrieb, dem Saft und dem Honig unter die erkaltete Apfelspeise mengen. Stocken lassen und mit flüssiger Sahne servieren.

Froher Empfang

Erbsenring

*

Rote-Bete-Suppe

*

Gefüllte Tomaten à la Sandra

*

Pflaumen im Schlafrock

Erbsenring

1 Päck. gemahlene weiße Gelatine (12 g),
1/2 l Wasser,
2 Gemüsebrühwürfel,
500 g Erbsen,
1 Kopf gelber Kräuselendivien (Frisée),
8 Tomaten.

Zubereitungszeit: 15 Minuten
Garzeit: 10 Minuten

Die Gelatine in Wasser 10 Minuten quellen lassen. Den Gemüsebrühwürfel hinzufügen und erhitzen. Die Erbsen in eine Ringform geben und die Flüssigkeit darüber gießen. Erstarren lassen. Den Salat waschen und gut abtrocknen. Die Tomaten halbieren. Die mit Erbsen gefüllte Ringform auf einen großen runden Teller stürzen, mit dem Friséesalat füllen und mit den Tomatenhälften umlegen.

Das paßt dazu:
Verschiedene Salatcremesaucen,
Brot und Butter.

Rote-Bete-Suppe

1/2 l Gemüsebrühe,
200 g Rote Bete,
100 g saure Sahne, 1 Eßl. Speisestärke,
50 g Mandelsplitter.

Zubereitungszeit: 15 Minuten

Die Gemüsebrühe in einem Topf zum Kochen bringen. Die Rote Bete fein raspeln und in der Gemüsebrühe 2 – 5 Minuten köcheln lassen. Die saure Sahne mit Speisestärke anrühren, hinzufügen, umrühren, nicht mehr kochen, in eine Suppenschüssel füllen und mit den Mandelsplittern bestreuen.

Gefüllte Tomaten à la Sandra

8 mittelgroße Fleischtomaten,
500 g frischer Spinat, etwas Wasser,
2 Eßl. gemahlene Mandeln,
1 Zwiebel,
$1/2 - 1$ Teel. Kräutersalz,
1 Eßl. geriebener Käse.
Für die feuerfeste Form: Butter.

Zubereitungszeit: 40 Minuten
Garzeit: 10 – 15 Minuten

Von den gewaschenen und abgetrockneten Tomaten die Kuppe abschneiden. Die Tomaten aushöhlen und mit den Kuppen in einer gefetteten feuerfesten Form im vorgeheizten Ofen 10 – 15 Minuten bei 200 ° C (Gasherd Stufe 3) erhitzen. Den Spinat waschen, 1 Minute in etwas Wasser dünsten, pürieren, mit den gemahlenen Mandeln, der gehackten Zwiebel und dem Kräutersalz vermengen und nochmals kurz aufkochen. Den Spinat in die heißen Tomaten füllen, mit den Kuppen bedecken, mit dem geriebenen Käse bestreuen und kurz unter dem Grill bräunen. Dazu paßt Kartoffelpüree.

Pflaumen im Schlafrock

250 g Pflaumen,
150 g Pfirsiche,
1 große Banane,
1 Eßl. Zitronensaft,
1 Eßl. Honig,
$1/4$ l süße Sahne,
1 Eßl. Mandelsplitter.

Zubereitungszeit: 15 Minuten

Die Pflaumen waschen, halbieren und entsteinen. Die Pfirsiche schälen, entsteinen und mit der geschälten Banane, Zitronensaft und Honig im Mixer pürieren. Die Sahne steif schlagen und mit den Pflaumenhälften vorsichtig unter das Fruchtpüree heben. Die Mischung in eine Schüssel füllen und mit den Mandelsplittern bestreuen.

Sommerabschiedsessen

Waldorfsalat

*

Pilzsuppe

*

Zwiebelform mit Kümmelkartoffeln

*

Erdbeerschaum

Waldorfsalat

100 g Schlagsahne, 100 g saure Sahne,
2 Eßl. Zitronensaft, 1 Teel. Kräutersalz,
300 g Sellerieknolle,
200 g Äpfel, 50 g Walnußkerne.

Zubereitungszeit: 20 Minuten

Die Schlagsahne steif schlagen und mit der sauren Sahne, Zitronensaft und Kräutersalz vermengen. Die Sellerieknolle schälen, waschen, gut abtrocknen, grob raspeln und sofort unter die Sahnesauce mischen. Die Äpfel waschen, ungeschält grob raspeln und ebenfalls sofort unter den Salat mengen. Die Walnußkerne zerkleinern, über den Salat streuen, alles gut mischen und auf grünen Eissalatblättern servieren.

Mein Tip zur Sellerie:
Diese Knolle sollte wöchentlich einmal auf den Tisch kommen, als Salat, gedünstet oder in Scheiben gebraten. Sellerie entwässert, regt das gesamte Drüsensystem an und enthält wichtige Mineralstoffe und Vitamine.

Pilzsuppe

1 l Wasser,
2 Handvoll getrocknete Steinpilze
oder 500 g frische Steinpilze,
1 Zwiebel, feingehackt,
6 Pfefferkörner,
6 Eßl. Hafer, fein gemahlen,
2 Eigelb,
2 Eßl. saure Sahne,
2 Eßl. Petersilie.

Zubereitungszeit: 10 Minuten

Die Trockenpilze am Vorabend in einem Topf mit 1 l Wasser, der fein gehackten Zwiebel und den Pfefferkörnern einweichen und am nächsten Tag 5 Minuten kochen; mit dem Hafermehl binden und mit den Eigelben, der sauren Sahne und der Petersilie abrunden.
Frische Steinpilze putzen und sehr fein schneiden, in wenig Butter mit den Zwiebelwürfelchen andünsten, dann weiter zubereiten wie oben.

Zwiebelform mit Kümmelkartoffeln

4 große Zwiebeln, 2 Eßl. Öl,
4 Kartoffeln,
1 Eßl. Öl, ¹/₂ Teel. Kümmel,
Für die Sauce:
2 Eßl. Tomatenmark,
2 Eier, 4 Eßl. süße Sahne,
2 Eßl. geriebener Käse,
¹/₂ Teel. Kräutersalz,
etwas frisch gemahlener Pfeffer.
Für die Form: Butter und Brösel.
Zum Bestreuen: Petersilie.

Zubereitungszeit: 20 Minuten
Backzeit: 15 Minuten

Eine feuerfeste Form mit der Butter einfetten und mit den Bröseln bestreuen. Die Zwiebeln schälen und halbieren. Das Öl in einer Pfanne erhitzen, die Zwiebelhälften darin goldgelb braten und mit der Schnittfläche nach oben in die Form setzen. Den Backofen auf 200 ° C vorheizen. Für die Sauce das Tomatenmark mit den Eiern, der Sahne, dem geriebenen Käse, dem Kräutersalz und dem frisch gemahlenen Pfeffer in einer Schüssel verrühren. Die Sauce über die Zwiebeln gießen. Die Zwiebelform 15 Minuten backen. Mit der gehackten Petersilie bestreuen.

Die Kartoffeln gründlich waschen, bürsten und halbieren. Das Blech einölen und mit den Kartoffelhälften belegen. Den Kümmel über die Kartoffeln streuen und bei 200 ° C (Gasherd Stufe 3) 20 Minuten im Ofen backken.

Erdbeerschaum

250 g pürierte Erdbeeren,
1 Eßl. Zitronensaft,
2 Eiklar,
2 Eßl. Honig,
4 Blatt Gelatine,
2 Eßl. Wasser.
Zum Garnieren:
5 Erdbeerhälften,
10 Pistazienhälften.

Zubereitungszeit: 10 Minuten

Das Erdbeerpüree mit dem Zitronensaft, dem Honig und dem Eiklar mit dem elektrischen Handrührer zu einer schaumigen Masse schlagen.
Die Gelatine bei kleinster Temperatur im Wasser in einem Topf auflösen und unter den Erdbeerschaum mengen.
Die Masse in eine Schüssel füllen und mit den Erdbeerhälften und den Pistazienhälften garnieren.

Salate haben immer Saison

Schmackhafte Salate gehören zu unseren gesündesten Lebensmitteln. In Italien, Frankreich und den USA ist köstlich zubereiteter Salat schon immer eine beliebte Vorspeise gewesen. Die Frischkost sollte wegen ihres Fermentreichtums immer vor einer gekochten Mahlzeit gegessen werden. Der Körper erhält die notwendigen Vitalstoffe und außerdem hat das intensive Kauen (Salate können nicht nur geschluckt werden) eine vermehrte Speichel- und Magensaftbildung zur Folge. Der dadurch wohltemperierte Speisebrei wird vom Magen besser verarbeitet. Praktisch und schnell zubereitet ist eine Salatplatte mit verschiedenen Saucen.

Mein Tip:
Reichen Sie immer 2 – 3 Salatsaucen.

Dillsauce

400 g saure Sahne, etwas Kräutersalz,
2 Eßl. feingehackter Dill oder
2 Eßl. feingehackte Kräutermischung,
3 Eßl. Schlagsahne.

Die saure Sahne mit Kräutersalz, Dill oder der Kräutermischung in einer Schüssel verrühren. Zum Schluß die Schlagsahne untermengen.

Tomatensauce

250 g pürierte Tomaten,
1 kleine, feingeschnittene Zwiebel,
etwas Kräutersalz,
4 Eßl. Schlagsahne.

Die entkernten, geschälten und pürierten Tomaten mit den gehackten Zwiebeln und Kräutersalz in einer Schüssel verrühren, dann die Schlagsahne untermengen.

Herbstmenüs

Herbstbild

Dies ist ein Herbsttag, wie ich keinen sah.
Die Luft ist still, als atmete man kaum,
und dennoch fallen raschelnd, fern und nah
die schönsten Früchte ab von jedem Baum.

O stört sie nicht, die Feier der Natur.
Dies ist die Lese, die sie selber hält,
denn heute löst sich von den Zweigen nur,
was vor dem milden Strahl der Sonne fällt.

FRIEDRICH HEBBEL

◁ Baltisches Menü, Seite 78/79, mit Tomatensuppe, Seite 34

Erntefrisch auf den Tisch

Das bietet der Markt an frischem Obst und Gemüse im Herbst:
(Mitte September, Oktober, November)

Äpfel,
Avocados,
Birnen,
Kiwis,
Melonen,
Mirabellen,
Nüsse,
Orangen,
Pampelmusen,
Passionsfrüchte,
Pfirsiche,
Pflaumen,
Preiselbeeren,
Quitten,
Trauben.

Artischocken,
Auberginen,
Blumenkohl,
grüne Bohnen,
Brokkoli,
Chicorée,
Chinakohl,
Eisbergsalat,
Endiviensalat,
Erbsen,
Feldsalat,
Fenchel,
Gurken,
Karotten,
Kartoffeln,
Kürbisse,
Lauch
(Porree),
Mais,
Meerrettich,
Paprikaschoten,
Rotkraut,
Schwarzwurzeln,
Staudensellerie,
Tomaten,
Weißkraut,
Wirsing,
Zucchini
(Courgettes),
Zwiebeln.

Italienisches Menü

Fenchelsalat
*
Spaghetti mit Sauce á la Gudrun
*
Gegrillte Steinpilze
*
Früchteeis

Fenchelsalat

2 Fenchelknollen,
1 Zwiebel, 2 Tomaten,
2 Eßl. Essig, 1 Teel. Kräutersalz,
1 Knoblauchzehe, durchgepreßt,
etwas frisch gemahlener Pfeffer,
5 – 6 Eßl. Olivenöl.

Zubereitungszeit: 10 – 15 Minuten

Die Fenchelknollen putzen, waschen und abtrocknen. Die Knollen in hauchdünne Scheiben schneiden und diese in eine Schüssel geben. Die Zwiebel schälen, feine Würfelchen schneiden und auf die Fenchelscheiben streuen. Die Tomaten in Würfel schneiden und ebenfalls zu den Fenchelscheiben geben. Aus Essig, Kräutersalz, Knoblauch, Pfeffer und dem Olivenöl eine Sauce bereiten und diese unter den Salat heben.

Mein Tip: Möchten Sie den reinen Fenchelgeschmack kosten, die Zwiebel und Tomaten weglassen und den Salat mit dem frisch gehackten Fenchelgrün bestreuen.

Spaghetti mit Sauce à la Gudrun

Spaghetti:

1 l Wasser, 2 Gemüsebrühwürfel,
250 g Vollwertspaghetti,
50 g zerlassene Butter.

Zubereitungszeit: 10 Minuten
Garzeit: 10 – 15 Minuten

Das Wasser mit den Gemüsebrühwürfeln in einem Topf zum Kochen bringen. Die Spaghetti darin garen, auf einem Seiher abtropfen lassen, mit der zerlassenen Butter vermengen, in einer Schüssel anrichten und im Ofen warmhalten.

Sauce à la Gudrun

2 Stangen Lauch,
100 g Butter,
$^1/_2$ l Gemüsebrühe,
2 Ecken Kräuterschmelzkäse.

Zubereitungszeit: 5 Minuten
Garzeit: 10 Minuten

Den Lauch putzen, gründlich waschen und in feine Scheiben schneiden. Die Butter in einem Topf zerlassen, die Lauchscheiben etwa 5 Minuten darin dünsten, mit der Gemüsebrühe ablöschen, alles kurz aufkochen lassen und den Kräuterschmelzkäse darin unter Rühren auflösen.

Gegrillte Steinpilze

400 g große, feste Steinpilze,
wenig Kräutersalz,
etwas frisch gemahlener Pfeffer,
1 Knoblauchzehe, in 2 Eßl. Öl gepreßt,
50 g Butter,
1 Eßl. gehackte Petersilie,
2 Tomaten.

Zubereitungszeit: 45 Minuten

Die Steinpilze putzen, waschen, gut abtrocknen, halbieren und mit Salz, Pfeffer und dem Knoblauchöl marinieren. Unter dem Grill von beiden Seiten braten, bis sie goldgelb sind. Die Butter mit der Petersilie vermengen und damit die Pilze bestreichen. Mit 4 gebratenen Tomatenhälften servieren.

Früchteeis

200 g frische Aprikosen,
80 g Blütenhonig,
50 g getrocknete, kleingehackte Aprikosen,
¹/₄ l Sahne,
Pistazienkrümel.

Zubereitungszeit: 15 Minuten
Kühlzeit: ca. 4 – 5 Stunden

Die Aprikosen im Mixer pürieren und mit dem Honig und den getrockneten Aprikosenstückchen in einer Schüssel gut vermengen. Die Sahne steif schlagen und unter das Früchtemus heben. Die Masse in Eiswürfelschalen füllen und einige Stunden im Gefrierfach fest werden lassen. Mit frischen Aprikosen und Pistazienkrümeln servieren.

Meine Beziehung zur italienischen Küche . . .

. . . zu dieser verführte mich mein Vater, den ich bei seinen letzten Italienreisen begleiten durfte.
Im Ristorante Sabatini in Florenz bekamen wir den köstlichen Fenchelsalat, bei der Mutter Bibolotti gab es die besten Spaghettis und im Hotel Greif in Bozen waren die Steinpilze die Spezialität des Hauses in der Herbstzeit. Und in der Eisherstellung sind die Italiener Weltmeister!

Geburtstagsmenü

Salade Niçoise
*
Maiskolben
*
Gefüllter Blumenkohl
*
Rote Grütze

Salade Niçoise

1 Kopfsalat, 1 Peperoni,
4 Tomaten, geviertelt, 12 schwarze Oliven,
100 g gekochte grüne Bohnen,
1 Eßl. feingeschnittene Zwiebeln.
Für die Sauce:
2 Eßl. gehackte Kräuter
(Estragon, Kerbel, Petersilie),
4 Eßl. Olivenöl, 1 Teel. Kräutersalz,
1 Eßl. Essig, $^{1}/_{2}$ Teel. Honig, Senf,
4 hartgekochte Eier.

Zubereitungszeit: 15 – 20 Minuten

Den entblätterten Kopfsalat, Peperoni und Tomaten waschen und abtrocknen. Die Bohnen in nicht zu kleine Stücke schneiden. Peperoni kleinschneiden, Oliven halbieren, Tomaten vierteln, die Zwiebel fein schneiden. Alle Zutaten in eine Schüssel geben.
Für die Sauce: Die gehackten Kräuter, das Olivenöl, das Kräutersalz, den Essig, den Honig und den Senf in eine Schüssel geben, verrühren, über den Salat gießen und miteinander vermengen. Je 3 Kopfsalatblätter auf die 4 Teller legen, mit der Salatmischung füllen und jeden Teller mit 4 Vierteln der hartgekochten Eier garnieren.

Maiskolben

4 Maiskolben,
Kräutersalz,
Butter.

Zubereitungszeit: 5 Minuten
Garzeit: 20 Minuten

Die Maiskolben von den Blättern und dem faserigen Bart befreien, mit Kräutersalz bestreuen, in ein Gemüsesieb legen und über Wasserdampf 20 Minuten garen. Bei Tisch den Maiskolben mit Butter bestreichen und ihn zwischen zwei Fingern haltend abknabbern.

Gefüllter Blumenkohl

1 großer Blumenkohl,
1 Teel. Kräutersalz,
250 g Porree (Lauch).
Füllung:
100 g Butter,
2 Eßl. feingeschnittene Zwiebeln,
4 hartgekochte Eier, 2 Knoblauchzehen,
2 Eßl. gehackte Petersilie,
1 Eßl. geröstete Mandelkrümel,
50 g Butter, 1 Tomate.

Zubereitungszeit: 20 Minuten
Garzeit: 5 Minuten

Den Blumenkohl waschen, das obere Drittel abschneiden, salzen und wieder aufsetzen und mit dem in kleine Stücke geschnittenen Porree auf ein Gemüsesieb legen. Wasser in einem Topf zum Kochen bringen, darauf das Sieb mit dem Gemüse legen. Das Gemüse bei kleinster Hitze 5 Minuten zugedeckt garen. Die Butter in einem kleinen Topf zerlassen, mit den Zwiebeln, den gehackten Eiern, dem durch die Presse gedrückten Knoblauch und der gehackten Petersilie vermengen. Damit den Blumenkohl füllen und mit dem Porree auf einer feuerfesten Form anrichten. Mit den gerösteten, gemahlenen Mandeln bestreuen, mit zerlassener Butter übergießen und mit Tomatenscheiben garnieren.

Das paßt dazu:
Gebackene oder gedämpfte Schalkartoffeln.

Rote Grütze

1 Päckchen Gelatine (12 g),
etwas Wasser,
100 g Blütenhonig,
125 g Johannisbeeren,
125 g Himbeeren oder Kirschen,
$^1/_2$ l Fruchtsaft,
1 Eßl. Zitronensaft.
Schlagsahne zum Garnieren,
Pistazienkrümmel.

Zubereitungszeit: 10 – 15 Minuten

Die Gelatine in etwas Wasser 5 Minuten quellen lassen und bei milder Hitze auflösen. Mit Honig, Beeren und Zitronensaft unter den Fruchtsaft mengen und in eine mit Wasser ausgespülte Schüssel füllen. Nach dem Erkalten mit der Sahne garnieren und mit den Pistazienkrümeln bestreuen.

Französisches Menü

Staudensellerie-Salatplatte

*

Gefüllte Steinchampignons

*

Weinschaum

Staudensellerie-Salatplatte

1 große Staudensellerie,
etwas Kräutersalz,
Tomatenmayonnaise (Rezept Seite 14),
etwas Paprikapulver, etwas Schnittlauch.

Zubereitungszeit: 20 Minuten
Garzeit: 10 Minuten

Die Selleriestaude waschen, in 10 cm lange Stangen schneiden, die Blätter für die Deko-

ration zur Seite legen. Die Selleriestangen mit dem Kräutersalz bestreuen und auf ein Gemüsesieb legen. In einem Topf etwas Wasser zum Kochen bringen, darauf das Sieb mit den Selleriestangen legen und den Topf schließen. Die Selleriestangen 10 Minuten bei kleinster Hitze garen lassen und strahlenförmig auf einer runden Platte anordnen. Mit der Tomatenmayonnaise überziehen, mit Paprikapulver bestäuben, darüber etwas Schnittlauch streuen und an die Enden der Stangen ein grünes Sellerieblätterbüschel stecken (wie bei einer Mohrrübe). Die gelben Sellerieblätter zwischen die Stangen legen.

Gefüllte Steinchampignons

8 große Steinchampignons,
8 große Tomaten,
4 große Zwiebeln,
4 Eßl. Öl,
1 Teel. Kräutersalz,
etwas frisch gemahlener Pfeffer,
2 Eßl. gehackte Petersilie.

Zubereitungszeit: 30 – 40 Minuten
Garzeit: 20 Minuten

Die Steinchampignons waschen, putzen, die Stiele abschneiden und diese für die Fülle kleinhacken. Die Tomaten waschen und vom unteren Teil der Tomate zwei Drittel abschneiden (für die Haube), das restliche Drittel von beiden Seiten in Öl anbraten. Die Zwiebeln schälen, davon 8 Scheiben (je ½ cm dick) aus der Mitte herausschneiden. Die Zwiebelenden für die Fülle kleinschneiden und in Öl goldgelb braten. Die gebratenen Tomatendrittel mit den gebratenen Zwiebeln und den gehackten Stielen der Champignons in einer Bratpfanne kurz erhitzen. Kräutersalz, Pfeffer und Petersilie hinzufügen. Das Ganze gut vermengen. Die Champignonköpfe mit dieser Masse füllen. Die Zwiebelringe in heißem Öl von beiden Seiten goldgelb braten und auf die gefüllten Pilze legen. Die Tomatenhauben darauf setzen. In einer feuerfesten Form 1 Eßl. Butter zerlassen und die gefüllten Champignonköpfe darin kurz andünsten. Anschließend die Pilze 20 Minuten im vorgeheizten Backofen bei 200 ° C (Gasherd Stufe 3) garen. Mit gehackter Petersilie bestreuen und mit Kartoffeln servieren.

Weinschaum

3 Eigelb, 3 Eiklar,
2 Eßl. Blütenhonig,
4 Eßl. Riesling oder anderer Weißwein,
1 Teel. Blütenhonig,
4 Eßl. gemahlene Haselnüsse oder
4 Eßl. gebräunte, gemahlene Mandeln.

Zubereitungszeit: 10 – 15 Minuten

Die Eigelb mit Blütenhonig und Wein in eine Kasserolle geben und im Wasserbad cremig schlagen. Die Eiklar steif schlagen, den Honig zugeben und noch etwas weiterschlagen. Die Eigelbmasse unter den Eischnee ziehen. Zuletzt die gemahlenen Haselnüsse oder die Mandeln unter die schaumige Masse heben und diese in Kelchgläser füllen.

Meine Liaison mit der französischen Küche.

Meine in Paris lebende Freundin Elisabeth befragte als junge Studentin Persönlichkeiten des Adels nach ihren Lieblingsgerichten. Mit der Veröffentlichung dieser Rezepte hat sie nicht nur ihr damaliges Taschengeld aufgebessert, sondern ihre Gäste mit Gaumenfreuden verwöhnt, wie ich sie nie zuvor erlebt hatte. Sie ist eine bezaubernde Gastgeberin, die es selbst in der „wilden" Zeit um 1968 fertigbrachte, ihre eigenen Söhne und deren Freunde festlich gekleidet um ihren Tisch zu versammeln. Unter dem Motto: „Wenn ich mit viel Liebe immer aus frischen Zutaten Köstlichkeiten auf den Tisch bringe, möchte ich mich auch am Anblick meiner Gäste erfreuen."
Ein unvergeßliches Muschelessen regte mich an, dieses Menü aufzuschreiben.

Schwarzwaldmenü

Feldsalat mit Blumenkohlröschen

*

Frische Selleriesuppe

*

Gefüllte Dampfnudeln mit Vanillesauce

*

Schwarzwälder Blaubeertorte

Feldsalat mit Blumenkohlröschen

200 g Feldsalat,
150 g Blumenkohlröschen,
$1^1/_2$ Eßl. Zitronensaft,
3 Eßl. Öl,
$^1/_2$Teel. Kräutersalz,
1 Eßl. gebräunte Mandelsplitter,
4 Radieschen zum Garnieren.

Zubereitungszeit: 10 Minuten

Den Feldsalat putzen, waschen, gut abtropfen lassen und mit den Blumenkohlröschen in eine Schüssel geben. Mit den Radischen garnieren.
Aus dem Zitronensaft, dem Öl und dem Kräutersalz eine Marinade herstellen und diese über den Salat gießen.
Alles gut vermengen und mit den Mandelsplittern bestreuen.

Frische Selleriesuppe

$^1/_2$l Wasser,
1 Gemüsebrühwürfel,
300 g Sellerie,
3 Eigelb,
2 Eßl. Schlagsahne,
etwas Petersilie,
1 Eßl. Wahlnüsse gemahlen.

Zubereitungszeit: 10 Minuten

Das Wasser mit dem Gemüsebrühwürfel zum Kochen bringen. Den Sellerie waschen, bürsten, schälen und mit etwas Gemüsebrühe im Mixer fein pürieren. Die Suppe erhitzen, mit dem Eigelb und der Schlagsahne legieren. Dann die gemahlenen Walnüsse unterheben und zum Schluß mit der Petersilie bestreuen.

Gefüllte Dampfnudeln

500 g frisch gemahlener Weizen,
100 g Butter, 2 Eier,
1 Würfel Hefe, ¹/₂ Teel. Vollmeersalz,
¹/₈ l süße Sahne, ¹/₈ l Wasser,
1 Eßl. Honig.
Für die Form:
¹/₈ l süße Sahne, 1 Eßl. Honig.

Zubereitungszeit: 40 Minuten
Backzeit: 30 Minuten

Gefüllte Pflaumen oder Aprikosen:
Die Früchte waschen, entsteinen und anstelle des Steins mit selbstgemachtem Marzipan füllen. Marzipan-Grundrezept: 100 g fein gemahlene Mandeln mit 50 g Blütenhonig im Mixer solange verarbeiten, bis sich ein Kloß gebildet hat.

Für den Dampfnudelteig den gemahlenen Weizen mit der Butter, den Eiern, der zerbröckelten Hefe und dem Salz in einer Schüssel vermischen.
Die Sahne und das Wasser in einen Topf schütten und den Honig darin bei sehr geringer Hitzezufuhr auflösen. Die Flüssigkeit zu den übrigen Zutaten in die Schüssel geben und alles zu einem glatten Teig verarbeiten. Den Teig zudecken und ca. 30 Minuten an einem zugfreien Ort gehen lassen.
Für die Form die Sahne etwas erwärmen, den Honig darin auflösen und den Boden der feuerfesten Form damit ausgießen, etwas Flüssigkeit zurückbehalten.
Vom gegangenen Teig eine kleine Handvoll abnehmen, eine Vertiefung eindrücken, eine gefüllte Pflaume oder Aprikose einlegen und die Teigkugel rund formen. Die fertig geformten Dampfnudeln dicht an dicht in die Form setzen und mit einem Löffel etwas Honigsahne darüberträufeln. Die Form zudecken und die Dampfnudeln im vorgeheizten Backofen bei 200 ° C (Gasherd Stufe 3) ca. 30 Minuten backen.
Wer möchte, kann dazu eine Frucht- oder Vanillesauce servieren.

Vanillesauce

¹/₄ l süße Sahne, 2 Eigelbe,
Mark von ¹/₂ Vanilleschote, 20 g Honig.

Zubereitungszeit: 10 – 15 Minuten

Die Sahne im Wasserbad erhitzen, die Eigelbe, das Mark von der Vanilleschote sowie den Honig zufügen und zu einer cremigen Sauce schlagen.

Varianten:
Schokoladensauce: 30 g Honig und 1 Eßl. Kakao unter die Sauce mengen.
Mokkasauce: 1 Teel. Kaffeepulver unter die Sauce mengen.
Nougatsauce: ¹/₂ Teel. Kaffeepulver, je 1 Eßl. Kakao und sehr fein geriebene Haselnüsse unter die Sauce mengen.

Schwarzwälder Blaubeertorte

3 Eiklar, 100 g Honig,
100 g gemahlene Haselnüsse,
¹/₂ l Sahne, 1 Eßl. Honig,
200 g Blaubeeren,
50 g Schokoladenraspel.

Zubereitungszeit: 45 Minuten

Die Eiklar mit dem Elektrorührer steif schlagen. Unter ständigem Schlagen den Honig zufügen. Die gemahlenen Haselnüsse unterheben.
Den Boden einer Springform mit Backpapier auslegen und mit der Nußmasse bestreichen. Auf der zweituntersten Leiste bei 200° C etwa 20 Minuten backen.
Die Sahne steif schlagen, den Honig und die Blaubeeren untermengen. Das Sahnegemisch hügelförmig auf dem erkalteten Nußboden verteilen und mit Schokoladenraspeln bestreuen. Nach Belieben mit Sahne verzieren.

Schwedenmenü

Möhrensalat
*
Kartoffelsuppe
*
Selleriescheiben mit Weizenflocken,
Dillkartoffeln und Weißkrautpüree
*
Preiselbeerbirnen

Möhrensalat

400 g Möhren,
3 Eßl. Mayonnaise (siehe Sonnenschlöß-
chenmenü, Seite 14),
2 Eßl. Sonnenblumenkerne,
1 Eßl. gehackte Petersilie,
4 große Salatblätter.

Zubereitungszeit: 5 Minuten

Die gewaschenen und gebürsteten Möhren
fein raspeln und mit der Mayonnaise und
den Sonnenblumenkernen vermengen. Auf
Salatblättern servieren und mit gehackter Petersilie bestreuen.

Kartoffelsuppe

1 l Wasser,
2 Würfel Gemüsebrühe,
300 g Kartoffeln,
$^1/_4$ l flüssige Sahne,
4 Eßl. gehackter Dill.

Zubereitungszeit: 15 Minuten
Backzeit: 5 Minuten

Das Wasser mit den Gemüsebrühwürfeln in
einem Topf erhitzen. Die Kartoffeln schälen,
in kleine Stücke schneiden und mit der Hälfte der Gemüsebrühe im Mixer fein pürieren.
Das Gemisch zu der restlichen Gemüsebrühe geben und kurz aufkochen, die Herdplatte abstellen und 5 Minuten quellen lassen.
Die Sahne und den Dill untermengen und
servieren.

Variante:
Anstatt Dill kann man auch fein geriebenen
Meerrettich nehmen.

Selleriescheiben mit Weizenflockenhaube

1 Sellerieknolle, ca. 800 g,
etwas Butter,
$^1/_2$ l Gemüsebrühe,
100 g Weizenflocken,
100 g Lauch.
Zum Belegen:
2 große Fleischtomaten,
etwas Butter.
Zum Bestreuen: Petersilie.

Zubereitungszeit: 15 Minuten

Die Sellerieknolle gründlich schälen, waschen, trocknen und in ca. 1 cm dicke Scheiben schneiden. In einer Bratpfanne etwas Butter zerlassen und die Selleriescheiben darin etwa 3 Minuten braten. In der Zwischenzeit die Gemüsebrühe zum Kochen bringen, die Weizenflocken einstreuen, kurz aufkochen, den Topf vom Herd nehmen und die Flocken etwas ausquellen lassen. Den gewaschenen Lauch in feine Ringe schneiden und ebenfalls kurz dünsten. Dann unter die Weizenflocken heben. Die Tomaten halbieren und in etwas Butter anbraten. Die Weizenflockenmasse auf die heißen Selleriescheiben häufeln, mit je $^1/_2$ gebratenen Tomate belegen und mit gehackter Petersilie bestreuen.

Weißkrautpüree

500 g fein geraspeltes Weißkraut,
2 feingeschnittene Zwiebeln,
$^1/_8$ l Wasser, 1 Gemüsebrühwürfel,
4 Eßl. süße Sahne,
60 g Butter, etwas Pfeffer.
Zum Garnieren:
Tomatenachtel, gehackte Petersilie.

Zubereitungszeit: 10 Minuten

Das mit der Gemüseraspel zerkleinerte Weißkraut in einem Topf mit den Zwiebeln, Wasser und dem Gemüsebrühwürfel kurz aufkochen und 5 Minuten köcheln lassen. Das Kraut im Mixer sehr fein pürieren, kurz im Topf erhitzen, Sahne, Butter und Pfeffer hinzufügen und alles gut vermengen. In einer vorgewärmten Form anrichten, mit Tomatenachteln garnieren und mit Petersilie bestreuen.

Preiselbeerbirnen

4 geschälte Birnen (mit Stielen),
250 g Preiselbeeren,
1 Eßl. Blütenhonig,
süße Sahne.

Zubereitungszeit: 10 Minuten
Garzeit: 10 Minuten

Die Preiselbeeren mit den Birnen 8 – 10 Minuten sanft kochen. Etwas abkühlen und den Honig untermengen. Mit flüssiger Sahne servieren.

Erntedankfestmenü

Krautsalat
*
Spanische Pfeffersuppe
*
Zucchini im Mantel
*
Gefüllte Birnenhälften

Krautsalat

500 g Weißkohl,
1 Zwiebel, 1 Eßl. Kümmel,
100 g Mayonnaise (siehe Rezept Seite 14),
Salatblätter,
3 Ringe von einer roten Paprika.

Zubereitungszeit: 10 – 15 Minuten

Den Weißkohl in feine Scheiben und die Zwiebel in feine Würfel schneiden. Beides in eine Schüssel geben. Den Kümmel und die Mayonaise zufügen und den Salat tüchtig mit der Hand kneten. In eine mit Salatblättern ausgelegte Schüssel geben und mit roten Paprikaringen garnieren.

Spanische Pfeffersuppe

100 g roter oder grüner Paprika,
4 Tomaten (200 g),
2 mittelgroße Zwiebeln,
100 g Maiskörner,
$^1/_2$ l Gemüsebrühe,
1 Teel. Kräutersalz,
1 frische Pfefferschote.

Zubereitungszeit: 20 Minuten
Garzeit: 5 Minuten

Die Paprika und die Tomaten waschen und in kleine Stücke schneiden, Tomaten evtl. häuten. Die Zwiebeln fein schneiden. Alles zusammen mit den Maiskörnern und der frischen Pfefferschote in der Gemüsebrühe 2 – 4 Minuten kochen. Mit dem Kräutersalz abschmecken.

Zucchini im Mantel

500 g Zucchini,
2 Tomaten, 4 Eier,
200 ml Wasser,
4 Eßl. geriebener Käse,
1 Teel. Kräutersalz,
1 Zwiebel, 1 Knoblauchzehe,
1 Eßl. Butter.

Zubereitungszeit: 30 Minuten
Backzeit: 45 Minuten

Die Zucchini und die Tomaten waschen und in Scheiben schneiden. Die Eier, das Wasser, den geriebenen Käse, das Kräutersalz, die gehackte Zwiebel und die durch die Presse gedrückte Knoblauchzehe kurz aufschlagen. Eine feuerfeste Form mit etwas Butter einfetten. Die Eier-Käse-Gewürz-Mischung hineinfüllen. Die Zucchini- und die Tomatenscheiben darin gleichmäßig verteilen und mit Butterflocken bestreuen. Bei 200 ° C (Gasherd Stufe 3) 45 Minuten im Ofen bakken.

Dazu passen:
Dillkartoffeln mit Butter.

Gefüllte Birnenhälften

8 Birnenhälften, Zitronensaft,
1 Banane,
1 Eßl. Honig,
1 Eßl. Zitronensaft,
4 Eßl. Himbeeren,
$^1/_4$ l Sahne,
50 g abgezogene gebräunte Mandeln (gemahlen),
1 Teel. gemahlene Pistazien.

Zubereitungszeit: 15 Minuten

Die Birnen schälen, halbieren, aushöhlen und leicht mit Zitronensaft bestreichen. Die Banane schälen und mit dem ausgehöhlten Birnenfleisch, dem Honig und dem Zitronensaft im Mixer pürieren. Die Himbeeren unter die Masse heben und mit dieser die Birnenhälften füllen. Die Sahne steif schlagen, die abgezogenen, gemahlenen, gebräunten Mandeln vorsichtig unterheben, über die Birnenhälften verteilen und mit gemahlenen Pistazien bestreuen.

„Wie bei Muttern"-Menü

Kürbis-Apfelsalat

*

Dicke Kohlsuppe

*

Baltischer Schmantpudding

Kürbis-Apfelsalat

250 g Kürbis,
250 g Äpfel,
50 g Sonnenblumenkerne,
2 Eßl. Zitronensaft,
4 Eßl. Apfelsaft,
$^1/_2$ Eßl. Honig,
Salatblätter.

Zubereitungszeit: 15 Minuten

Den Kürbis schälen, die Äpfel waschen. Beides auf einer groben Reibe raffeln und mit den Sonnenblumenkernen, Zitronensaft, Apfelsaft und Honig vermengen. Auf Salatblättern servieren.

Dicke Kohlsuppe

1 l Wasser,
2 Gemüsebrühwürfel,
1 kleiner Weißkohlkopf,
2 Mohrrüben,
$^1/_2$ kleine Sellerieknolle,
$^1/_8$ l saure Sahne,
1 Eßl. gehackter Dill und Tomatenstücke.

Zubereitungszeit: 15 Minuten

Wasser mit 2 Gemüsebrühwürfeln aufkochen. Den Kohlkopf von den äußeren Blättern und den dicken Rippen befreien und in mittelgroße Stücke schneiden. Die Mohrrüben in dünne Scheiben und die Sellerie in kleine Würfel schneiden. Alles in der Gemüsebrühe 10 Minuten garen lassen. Danach die saure Sahne, gehackten Dill und Tomatenstücke zufügen.

Baltischer Schmantpudding

6 Eigelb,
2 Eßl. Honig,
Abrieb einer ungespritzten Zitrone,
60 g Sultaninen,
1 Tasse dicke saure Sahne (Schmant),
180 g Semmel- oder Makronenbrösel,
6 Eiklar.
Für die Form:
Zerlassene Butter und gemahlene
Haselnüsse.

Zubereitungszeit: 20 Minuten
Garzeit: 90 Minuten

Die Eigelb mit dem Honig und dem Zitronenabrieb in einer Rührschüssel 10 Minuten cremig schlagen. Die Sultaninen mit der sauren Sahne und den Bröseln untermengen. Die Eiklar gesondert zu festem Schnee schlagen und vorsichtig unter die Masse heben. Das Gemisch in die vorbereitete Puddingform füllen, die Form schließen und im Wasserbad 90 Minuten garen.

Eine Speise von der man auch nach dem Verzehr noch träumen kann. Wieder war es mein baltischer Freund, Sven Steenberg, der mir auf einem Spaziergang erzählte, daß seine Großmutter diese Köstlichkeit bei besonderen Familienfesten servieren ließ. Wohl verstanden, man „ließ" servieren, denn zur damaligen Zeit gab es im Baltikum keine Personalprobleme.

So verwöhnen Sie Ihre Gäste

Unterscheiden Sie offizelle und inoffizelle Einladungen: für erstere sollten Sie alles gut planen.

Bei der inoffiziellen Einladung sollten Sie flexibel sein. Da niemand etwas Besonderes erwartet, werden Ihre Gäste sich über das Gebotene freuen. Das erfordert rasches Besinnen: „Was habe ich im Haus, was kann ich daraus zaubern?" Ein Beispiel: Sie trafen im Konzert, bei einem Vortrag oder wo auch immer, Freunde, Bekannte oder Mitarbeiter. Da sie alle das Bedürfnis haben noch ein wenig miteinander zu plaudern, bitten Sie sie zu sich nach Hause. Schnell überlegen Sie: „Was kann ich anbieten, wie rasch kann ich es servieren?" Als erstes reichen Sie Getränke und sorgen für eine belebende Unterhaltung. Ist diese im Fluß, verziehen Sie sich (unbemerkt) in die Küche. Rasch bereiten Sie eine Suppe, eine Käse- oder eine Salatplatte. Bei solchen Einladungen muß alles nicht so perfekt sein. Das würde gekünstelt und ungemütlich wirken.

Anders ist es bei gesellschaftlichen Verpflichtungen, bei Familienfeiern, Festen jeder Art oder einem Klassentreffen. Die Einladungen sollten Sie rechtzeitig absenden. Da Sie um Antwort bitten, wissen Sie, mit wie vielen Gästen Sie zu rechnen haben. Nun überdenken Sie, wie Sie die Einladung gestalten möchten und was Sie dazu benötigen. Wie Sie den Tisch decken, wie Sie die Blumen arrangieren. Welche Speisen Sie bereiten und wie Sie diese servieren. Wie Sie ihre Gäste plazieren. Es soll sich jeder über seinen Nachbarn freuen können. In liebenswürdiger Gesellschaft schmeckt und bekommt das Essen besser. Zwischen den einzelnen Gängen können Sie ruhig mal eine Pause einlegen. Wichtig ist es, die Speisen mit Charme und innerer Harmonie auf den Tisch zu bringen. Gehen Ihre Gäste unbeschwert, inspiriert und frohen Herzens heim, so klingen die vergangenen Stunden nach. Sie sollten Ihre Gäste so verabschieden, daß Sie das Gefühl haben, sie selbst hätten viel zu einem gelungenen Zusammensein beigetragen. Bevor Sie zu Bett gehen, sollten Sie stets alle Reste versorgen, Küche, Eß- und Wohnzimmer in Ordnung bringen. Nur so können Sie selbst gut schlafen und wachen erholt auf.

Wintermenüs

◁ Weihnachtsmenü, Seite 82/83

Erntefrisch auf den Tisch

Das bietet der Markt an frischem Obst und Gemüse im Winter:
(Dezember, Januar, Februar, März)

Äpfel,
Mangos,
Nüsse,
Orangen,
Pampelmusen,
diverse Südfrüchte.
Ackersalat (Feldsalat,
Rapunzel),
Auberginen,
Brokkoli,
Chicorée,
Chinakohl,
Eisbergsalat,
Endiviensalat,
Fenchel,
Grünkohl,
Radicchio,
Rosenkohl,
Rotkraut,
Schwarzwurzeln,
Sellerie,
Spinat,
Staudensellerie,
Weißkraut.

Ungarisches Menü

Paprikasalat
*
Reis Lecsó
*
Budapester Creme

Paprikasalat

1 rote Paprika,
1 grüne Paprika,
3 Eßl. Olivenöl,
1¹/₂ Eßl. Essig,
¹/₂ Teel. Kräutersalz,
etwas frisch gemahlener Pfeffer.

Zubereitungszeit: 10 Minuten

Die Paprikaschoten waschen, abtrocknen, halbieren, die Kerngehäuse entfernen, in feine Halbringe schneiden und in eine Schüssel geben. Aus dem Öl, dem Essig, dem Kräutersalz und dem Pfeffer eine Sauce bereiten und diese unter die Paprika mengen.

Reis Lecsó

200 g gekochter Vollwertreis,
100 g grüne Erbsen,
4 pürierte Tomaten,
1 Teel. Kräutersalz,
1 Eßl. edelsüßes Paprikapulver,
1 Eßl. zerlassene Butter.
Zum Garnieren:
4 Tomatenhälften, etwas Öl,
1 Teel. gehackte Petersilie.

Zubereitungszeit: 10 – 15 Minuten

Den gekochten Vollwertreis mit den grünen Erbsen, den pürierten Tomaten und dem Kräutersalz in einem Topf erhitzen. Paprikapulver und die zerlassene Butter untermengen, alles in einer Schüssel anrichten und im Ofen warmhalten. Die Tomatenhälften in etwas Öl von beiden Seiten anbraten, das Reis Lecsó damit garnieren, mit Petersilie bestreuen und servieren.

Budapester Creme

$^1/_2$ l süße Sahne,
60 g Blütenhonig,
etwas Naturvanille,
4 Eßl. Eierlikör,
2 Eigelb,
2 Eiklar,
1 Teel. Blütenhonig,
200 g entsteinte Sauerkirschen.
Zum Garnieren:
5 Sauerkirschen,
10 Pistazienhälften.

Zubereitungszeit: 15 Minuten

Die Sahne steif schlagen, 50 g Honig, Naturvanille, Eierlikör und Eigelb zufügen. Die
Eiklar steif schlagen und restlichen Honig
kurz mitschlagen. Den Eiweiß-Honig-
Schnee und die abgetropften Sauerkirschen
vorsichtig unter das Sahnegemisch mengen.
Die luftige Creme in eine Glasschüssel füllen
und mit Kirschen und Pistazienhälften (als
Blättchen) garnieren.

Tantenmenü

Roter Selleriesalat

*

Wirsingröllchen

*

Hirsepudding

Roter Sellerie-Salat

400 g Sellerie,
200 g Äpfel, mit der Schale,
etwas Zitronensaft,
200 g rote Bete,
40 g Mandelstifte.
Sauce: 8 Eßl. saure Sahne,
8 Eßl. geschlagene süße Sahne,
etwas Kräutersalz.

Zubereitungszeit: 10 Minuten

Sellerie schälen, waschen und mit den Äpfeln grob raspeln. Mit etwas Zitronensaft beträufeln. Rote Bete schälen, fein raspeln und mit den Mandelstiften in eine Schüssel geben.
Für die Sauce alle Zutaten gut vermengen und unter den Salat heben.

Wirsingröllchen

1 großer Wirsingkohl,
³/4 l Gemüsebrühe,
100 g Weizenflocken,
1 große Zwiebel,
4 Eßl. gehackte Petersilie,
70 g Butter.
Für die Form: Butter.
Zum Garnieren: 2 Tomaten.
Zum Bestreuen: gehackte Petersilie.

Zubereitungszeit: 20 Minuten
Backzeit: 20 Minuten

Den Wirsing waschen, größere Blätter ablösen und den Rest für eine Suppe verwenden. Die Gemüsebrühe in einem Topf zum Kochen bringen. Die Wirsingblätter kurz darin blanchieren, mit einem Schaumlöffel herausnehmen, die Mittelrippe flach schneiden und auf einem Seiher abtropfen lassen. Danach die Weizenflocken in die kochende Gemüsebrühe streuen, kurz aufkochen, den Topf schließen, vom Herd nehmen und 10 Minuten quellen lassen. Die Zwiebel schälen, fein schneiden und mit der Petersilie in der Butter kurz dämpfen und unter die Weizenflocken mengen. Die Wirsingblätter mit der Füllung bestreichen, aufrollen, in eine gefettete, feuerfeste Form geben und mit etwas zerlassener Butter bepinseln. Die Tomaten in Achtel schneiden und zwischen die Röllchen stecken.

20 Minuten im Backofen bei 200 ° C (Gasherd Stufe 3) backen.

Mit gehackter Petersilie bestreuen und servieren.

Variante:
Wenn man keinen Backofen besitzt, kann man auch den ganzen, vom Strunk befreiten Wirsing kleinschneiden und unter die Weizenflockenmasse mengen.

Hirsepudding

Für diesen köstlichen Pudding brauchen Sie eine verschließbare Puddingform, denn er wird im Wasserbad gekocht.

100 g Hiseflöckli,
³/₈ l süße Sahne,
50 g Butter,
6 Eigelb,
75 g Honig,
1 Messerspitze echtes Vanillepulver,
2 Eßl. Mandeln,
6 Eiweiß.
Für die Form: Butter, gemahlene Mandeln.

Zubereitungszeit: 15 Minuten
Garzeit: 60 Minuten

Die Hirse, die Sahne, die Butter, Eigelbe, Honig, das Vanillepulver und die geschälten, gehackten Mandeln in einen Topf geben und verrühren. Die Mischung bei mittlerer Hitze unter ständigem Rühren erhitzen, bis sich eine dickliche Masse bildet. Diese unter Rühren abkühlen lassen. Die Eiklar steif schlagen und unter die Masse ziehen. Die Puddingform einfetten und mit den gehackten Mandeln ausstreuen. Die Puddingmasse hineinfüllen, die Form fest verschließen und im kochenden Wasserbad 60 Minuten garen. Danach den Pudding auf eine Platte stürzen. Dazu pürierte, mit Honig gesüßte Himbeeren reichen.

Variante:
Statt Honig, Vanille und Mandeln etwas Kräutersalz und 100 g geriebene Karotten zur Puddingmasse geben.

Baltisches Menü

Salat Demidow

*

Botwinja – Grüne Suppe –

*

Kohlsoljanka mit grünen Kartoffelnudeln
(Sauerkrautpilzgericht)

*

Schmalunz

Salat Demidow

100 g gekochter Naturlangkornreis,
250 g Tomaten, 2 Eßl. Öl,
1 Eßl. Essig, $^1/_2$ Teel. Kräutersalz,
1 Spur Pfeffer, frisch gemahlen,
100 g rohe Selleriescheiben,
50 g Mayonaise,
Salatblätter.

Zubereitungszeit: 10 Minuten

Den Reis in eine Schüssel geben. Die Tomaten waschen, abtrocknen, in Achtel schneiden und mit Öl, Essig, Kräutersalz und frisch gemahlenem Pfeffer vermengen. Die Selleriescheiben in kleine Würfel schneiden, die Mayonnaise hinzufügen, alles gut vermischen und auf Salatblättern servieren.

Botwinja – Grüne Suppe

$^1/_2$ l Wasser, 1 Gemüsebrühwürfel,
250 g Spinat,
1 Eßl. Schnittlauch, fein geschnitten,
1 Teel. Senf,
1 Teel. Meerrettich, gerieben.

Zubereitungszeit: 10 – 15 Minuten

Das Wasser mit dem Gemüsebrühwürfel zum Kochen bringen. Den Spinat putzen, waschen und in der Gemüsebrühe kurz dünsten. Danach im Mixer pürieren und mit dem Schnittlauch und dem Senf in die Gemüsebrühe geben. Die Suppe kaltstellen und vor dem Servieren den geriebenen Meerrettich hinzufügen.

Mein Tip:
1. Die Suppe kann auch warm gegessen werden.
2. Unter den geriebenen Meerrettich etwas Sahne mengen.

Kohlsoljanka (Sauerkraut-Pilz-Gericht)

1 Eßl. Öl,
1 große Zwiebel, feingeschnitten,
350 g Sauerkraut, 40 g Butter,
250 g Steinchampignons.
Zum Bestreuen: etwas gehackte Petersilie.

Zubereitungszeit: 20 Minuten

Das Öl in einer Bratpfanne erhitzen und die gehackte Zwiebel darin glasig dünsten. Das Sauerkraut hinzufügen, mit den Zwiebeln vermengen und erhitzen. Die Pilze putzen, waschen, gut abtrocknen, halbieren und mit der Butter unter das heiße Sauerkraut mengen. Vor dem Servieren mit der gehackten Petersilie bestreuen.

Grüne Kartoffelnudeln

500 g gekochte, durch die Presse gedrückte Kartoffeln,
150 g frisch gemahlener Weizen,
2 Eier, $^1/_2$ Teel. Kräutersalz,
2 Eßl. gehackter Spinat,
1 l Gemüsebrühe,
100 g zerlassene Butter.

Zubereitungszeit: 15 – 20 Minuten
Stückzahl: 30

Die Kartoffeln mit dem gemahlenen Weizen, Eiern, Kräutersalz und Spinat zu einem Teig verkneten. Diesen zu einer Rolle formen, 2 cm breite Stücke abschneiden, diese fingerdick und fingerlang rollen. Die Gemüsebrühe in einem Topf zum Kochen bringen, die Nudeln hineingeben und so lange kochen, bis sie oben schwimmen. Mit einem Schaumlöffel herausnehmen, kurz auf ein Tuch legen und anschließend in zerlassener Butter schwenken.

Schmalunz

6 gebratene Äpfel,
3 Eiklar,
2 Eßl. Honig,
200 g Erdbeeren oder Kirschen.

Zubereitungszeit: 15 Minuten

Die Bratäpfel im Mixer pürieren. Die Eiklar steif schlagen, den Honig nach und nach zufügen und das Apfelpüree untermengen. Die Speise in eine Schüssel füllen und mit den Erdbeeeren oder Kirschen belegen.

Das paßt dazu: Süße Sahne oder Vanillesauce.

Meine Beziehungen zum Baltikum.

Ein baltischer Schriftsteller erzählte mir, wie herrlich man in seiner Heimat getafelt hat, und schenkte mir ein altes Kochbuch, das ich wie einen Roman gelesen habe.
Wenn es mir gelungen ist, mich von den heutigen Kochgewohnheiten in die baltische Küche vor etwa 100 Jahren zurückzuversetzen, gebührt ihm mein besonderer Dank.

Adventsmenü

Avocado-Grapefruit-Salat

*

Hafersuppe mit Champignons

*

Chicorée mit Käsesauce

*

Litschi-Blutorange

Avocado-Grapefruit-Salat

2 Grapefruits,
2 Avocados, Zitronensaft,
8 Salatblätter.
Sauce:
1 Tasse saure Sahne,
2 Eßl. geschlagene Sahne,
1 Teel. Zitronensaft,
$^1/_4$ Teel. Kräutersalz,
2 Eßl. geröstete, gehackte Mandeln.

Zubereitungszeit: 30 – 40 Minuten

Die Grapefruits halbieren und aus jeder Hälfte rundum jeden zweiten Schnitz herausschneiden. Die Avocados halbieren, den Kern entfernen und abschälen. In schmale Schnitze teilen und mit etwas Zitronensaft beträufeln. Die Lücken in den Grapefruits mit Avocadoschnitzen füllen. Die Sauce darüber löffeln. Auf Salatblättern servieren und mit gerösteten Mandeln garnieren.

Chicorée mit Käsesauce

8 Chicoréehälften, etwas Wasser,
$^1/_2$ Teel. Kräutersalz, 1 Tasse Wasser,
4 Eigelb, 2 Eßl. geriebener Käse,
$^1/_2$ Teel. Kräutersalz,
etwas geschnittener Schnittlauch,
4 Tomatenhälften.

Zubereitungszeit: 20 – 30 Minuten
Garzeit: 5 Minuten

Die Chicorée auf ein Gemüsesieb legen und mit Kräutersalz bestreuen. In einem Topf Wasser zum Kochen bringen, darauf das Sieb mit dem Gemüse legen. Den Topf schließen. Den Herd auf kleinste Hitze stellen und nach weiteren 5 Minuten ausschalten. Das Wasser, die Eigelb, den geriebenen Käse und das Kräutersalz in einer Edelstahlschüssel (Topf) über Wasserdampf zu einer cremigen Sauce rühren. Die Chicoréehälften auf einer Platte oder in einer feuerfesten Form anrichten, mit Sauce begießen und mit dem Schnittlauch bestreuen.

Das paßt dazu: Gebratene Tomatenhälften und Langkorn-Naturreis.

Hafersuppe
mit Champignons

1 l Wasser, 2 Gemüsebrühwürfel,
8 Eßl. frisch gemahlener Hafer,
200 g Steinchampignons,
2 Eßl. steifgeschlagene Sahne,
1 Eßl. gehackte Petersilie.

Zubereitungszeit: 10 – 15 Minuten
Garzeit: 5 Minuten

Das Wasser mit den Gemüsebrühwürfeln in einem Topf zum Kochen bringen. Den Hafer mahlen, zufügen, aufkochen und die Herdplatte abstellen. Die Champignons putzen, waschen, in Scheiben schneiden und in die heiße Hafersuppe geben. Kurz darin ziehen lassen, die Schlagsahne hinzufügen und mit der gehackten Petersilie bestreuen

Mein Tip:
Champignons haben einen hohen Gehalt an Niacin, der sich durch das Kochen stark vermindert. Deshalb die Suppe mit den Champignons nicht noch einmal aufkochen.

Litschi-Blutorange

8 Litschis,
250 g Blutorangen,
1 Eßl. Zitronensaft,
1 Eßl. Blütenhonig.

Zubereitungszeit: 15 Minuten

Die Litschis schälen, entkernen und halbieren; die Blutorange dick abschälen, in Scheiben und dann in Stückchen zerteilen.
Die Obststückchen mit Zitronensaft und dem Honig vermischen.

Weihnachtsmenü

Kräuselendivien mit Knoblauchbrotwürfeln

*

Avocado mit Tomatensauce (und Shrimps)

*

Lachsforelle auf Blattspinat mit Hummersauce

*

Orangencreme

Kräuselendivie mit Knoblauchbrotwürfel

1 Kopf Kräuselendiviensalat (Frisée),
1 Eßl. Zitronensaft,
2 Eßl. Öl, 1 Teel. Kräutersalz,
3 Scheiben Vollkornbrot,
2 Eßl. Öl, 1 Eßl. Butter,
2 große Knoblauchzehen,
2 Tomaten.

Zubereitungszeit: 10 Minuten

Den Salat putzen, waschen, auf ein Handtuch legen, gut abtrocknen und in 2 cm breite Stücke schneiden. Aus Zitronensaft, Öl und Kräutersalz eine Marinade rühren. Das Vollkornbrot in Würfel schneiden und in Öl in einer Pfanne goldgelb braten. Die Butter und den durch eine Knoblauchpresse gedrückten Knoblauch hinzufügen. Den Salat mit der Marinade vermengen, in eine Salatschüssel geben und mit Tomatenachteln garnieren.
Die Brotwürfel in einer Schüssel extra reichen.

Avocado mit Tomatensauce (und Shrimps)

2 Avocados,
50 g Mayonnaise (s. Sonnenschlößchen-Menü),
evtl. 25 g Tomatenketchup,
evtl. 50 g Shrimps,
4 Salatblätter.

Zubereitungszeit: 10 Minuten

Die Avocados halbieren und den Kern herausgeben; die Mayonnaise mit dem Tomatenketchup verrühren. Die Sauce auf die Avocadohälften geben (die Shrimps darauflegen). Einen Teller mit Salatblättern belegen und die Avocados darauf setzen.

Lachsforelle auf Blattspinat mit Hummersauce

1 kleine Lachsforelle,
1 Eßl. Öl, etwas Kräutersalz und frisch gemahlener Pfeffer,
2 in Öl gepreßte Knoblauchzehen,
1 Paket gefrorener Blattspinat
oder 500 g frischer Blattspinat,
1 große, geschnittene Zwiebel, etwas Kräutersalz, etwas frisch gemahlener Pfeffer,
50 g zerlassene Butter.
Für die Sauce:
$^1/_4$ l Wasser, etwas Kräutersalz,
1 Eßl. fein gemahlener Weizen,
50 g Shrimps (2 Eßl.),
1 Paket gefrorene Hummersuppe,
2 Eßl. Schlagsahne, Mandelsplitter.

Zubereitungszeit: 30 – 40 Minuten

Die Lachsforelle filieren und in 4 Stücke schneiden. Das Öl in einer Pfanne erhitzen und die Lachsforelle mit der Hautseite kurz darauf setzen. Danach läßt sich die Haut leicht abziehen. Die Stücke mit Kräutersalz, Pfeffer und Knoblauchöl marinieren. Den frischen oder aufgetauten Blattspinat kurz in etwas Wasser dünsten. Mit der geschnittenen Zwiebel, Kräutersalz, frisch gemahlenem Pfeffer und der zerlassenen Butter vermengen und nochmals kurz erwärmen.

Für die Sauce: Das Wasser in einem Topf mit dem frisch gemahlenen Weizen zum Kochen bringen. Kräutersalz, Shrimps und die Hummersuppe zufügen. Kurz erhitzen und die Schlagsahne unterziehen. Die Butter in einer Pfanne zerlassen und darin die Lachsforellenstücke von beiden Seiten je 2 Minuten garen. Den heißen Blattspinat in eine feuerfeste Form geben, die Forellenstücke darauflegen, mit der Hummersauce übergießen und mit den Mandelsplittern bestreuen.

Variante: Statt Hummersuppe und den Shrimps, Champignonscheiben und Petersilie unter die Weizensauce mengen. Wer tierisches Eiweiß meiden will, bereitet statt der Lachsforelle große Steinchampignonknöpfe auf die gleiche Weise zu.

Orangencreme

3 Eigelb, 80 g Blütenhonig,
Abrieb einer ungespritzten Orange,
$^1/_2$ l Orangensaft,
1 Päckchen gemahlene Gelatine (12 g),
3 Eiklar,
1 Eßl. Blütenhonig,
$^1/_8$ l geschlagene Sahne,
Pistazienkrümel und Orangenstückchen.

Zubereitungszeit: 10 – 15 Minuten

Die Eigelb mit dem Honig cremig rühren. Den Orangensaft und den Abrieb einer ungespritzten Orange zufügen. Die Gelatine mit etwas heißem Wasser auflösen, unter die Creme rühren und diese kalt stellen. Die Eiklar steifschlagen, den Honig zufügen und unter die erkaltete, steife Creme heben. Die Schlagsahne in einen Spritzbeutel geben und damit die Speise garnieren. Mit den Orangenstückchen belegen und mit den Pistazienkrümeln bestreuen.

Mein Tip:
Schmeckt auch halbgefroren gut.

Silvestermenü

Gefüllte Artischockenböden

*

Gemüsefondue

*

Zimteisbombe

*

Tomaten-Avocadosalat

Gefüllte Artischockenböden

4 Artischockenböden aus der Dose,
2 nicht zu hartgekochte Eier (ca. 8 Minuten),
1 Eßl. Essig, 2 Eßl. Öl,
etwas Kräutersalz und Pfeffer,
12 kleine Tomatenscheiben,
etwas gehackter Dill.

Zubereitungszeit: 10 Minuten

Die Artischockenböden in der Mitte etwas aushöhlen und auf 4 kleinen Tellern anrichten. Die Eier schälen, halbieren und mit dem Eigelb nach oben auf die Artischockenböden setzen. Aus Essig, Öl, Kräutersalz und Pfeffer eine Sauce herstellen und diese über die Artischockenböden gießen. Die Tomatenscheiben halbieren und um die Artischockenböden legen. Mit Dill bestreuen.

Gemüsefondue

Je 200 g Tiefgefrier-Brechbohnen
und Champignons,
Salatblätter zur Dekoration,
100 g Blumenkohlröschen,
100 g Rosenkohlröschen,
100 g Karotten (tiefgefroren).
Meerrettichsauce
(s. Gartenfestmenü, S. 36),
Tomatensauce (S. 48),
Dillsauce (S. 48),
Zwiebelbrötchen
(s. Ferienmenü, S. 39),
Knoblauchbutter
(s. Ferienmenü, S. 38),
$^1/_2$ l Gemüsebrühe.

Zubereitungszeit: 45 Minuten

Die Tiefgefrier-Brechbohnen mit den festen, gesäuberten Champignons (möglichst kleine Pilze verwenden) auf gewaschenen Salatblättern anrichten.

Die Blumenkohlröschen in der Mitte eines großen runden Tellers anrichten, die Rosenkohlröschen darumlegen und darum die kleinen Karotten. Die Meerrettichsauce, die Tomatensauce und die Dillsauce bereiten und in 3 kleine Schüsseln füllen. Brötchen und Butter auf je einen Teller geben.

Den Tisch hübsch mit Luftschlangen, Knallbonbons und Bleifiguren decken. Auf die Tischmitte einen Spiritusbrenner stellen.

Das Gemüse, die Saucen, die Brötchen und die Knoblauchbutter auf den Tisch bringen. Zum Schluß den mit sehr heißer Gemüsebrühe gefüllten Fonduetopf auf den brennenden Spiritusbrenner stellen.

Nachdem die Vorspeise verzehrt ist, ein Gemüse nach Wahl auf die Fonduegabel spießen und in der Brühe kurz garen. In die Saucen tauchen und genießen. Dazu Brötchen und Butter essen.

Zimteisbombe

3 Eigelb,
1 Eßl. Blütenhonig,
¹/₂ Teel. Zimt,
3 Eiklar,
1 Teel. Blütenhonig,
¹/₄ l süße Sahne,
Schlagsahne und Pistazienhälften
zum Garnieren.

Zubereitungszeit: 15 Minuten

Die Eigelb mit dem Blütenhonig cremig aufschlagen und den Zimt untermengen. Die Eiklar steif schlagen, den Honig zufügen und noch einmal aufschlagen. Die Sahne steifschlagen. Den Eischnee und die Schlagsahne vorsichtig unter die Eigelbcreme heben. Die Masse in eine Form füllen und über Nacht einfrieren. Die Form kurz in heißes Wasser stellen und auf einen großen Teller stürzen. Die Schlagsahne in einen Spritzbeutel geben. Die Eisbombe damit verzieren und mit den Pistazienhälften garnieren.

Tomaten-Avocado-Salat

400 g Tomaten,
2 Avocadofrüchte.
Sauce:
2 Eßl. Öl,
8 Eßl. Gemüsebrühe,
2 Eßl. Zitronensaft,
1 durch die Presse gedrückte
Knoblauchzehe,
1 Eßl. gehackter Dill.

Zubereitungszeit: 10 – 15 Minuten

Die Tomaten waschen und in Scheiben schneiden. Die Avocados schälen, entkernen und ebenfalls in Scheiben schneiden. Beides in eine Schüssel geben. Für die Sauce alle Zutaten gut vermengen, über die Tomaten- und Avocadoscheiben geben und mit dem gehackten Dill bestreuen.

Valentinstagmenü

Salat „Oliver"

*

Zwiebelsuppe à la Cubat

*

Poree auf Spargelart mit Möhrenpüree

*

Krem Jaroslawski (Gemischte Fruchtcreme)

Salat „Oliver"

1 gekochte rote Rübe, in Würfel geschnitten,
2 gekochte Kartoffeln, in Würfel geschnitten,
$^1/_2$ kleine Sellerie, in Würfel geschnitten,
1 Gewürzgurke, in Würfel geschnitten,
2 hartgekochte Eier, in Würfel geschnitten,
20 schwarze Oliven,
Für die Sauce:
2 Eßl. Olivenöl, 1 Teel. Senf,
1 Eßl. Zitronensaft,
1 Eßl. gehackte Petersilie,
Salatblätter.

Zubereitungszeit: 15 – 20 Minuten

Die roten Rüben, die Kartoffeln, die Sellerie, die Gewürzgurke, die harten Eier und die Oliven in eine Schüssel geben. Die Sauce aus dem Olivenöl, Zitronensaft und der gehackten Petersilie darüber gießen, alles gut vermengen und auf Salatblättern servieren.

Zwiebelsuppe à la Cubat

2 große Zwiebeln,
1 Eßl. Öl, 1 l Wasser,
2 Gemüsebrühwürfel,
100 g Emmentaler,
100 g Grahambrotwürfel.

Zubereitungszeit: 15 Minuten

Die Zwiebeln schälen, in sehr feine Scheiben schneiden, in einem Topf in Öl glasig dünsten, 1 l Wasser und 2 Gemüsebrühwürfel hinzufügen. Den Emmentaler in feine Stifte und das Brot in Würfel schneiden. In die Suppenterrine abwechselnd eine Lage Käsestifte und eine Lage Brotwürfel geben und die heiße Suppe darüber gießen. Zum Schluß noch einmal eine Lage Brotwürfel und Käsestifte auf die Suppe streuen und diese kurz unter dem Grill bräunen.

Porree auf Spargelart mit Möhrenpüree

8 lange Porreestangen (Lauch),
1 Teel. Kräutersalz,
50 g Mandelsplitter oder
2 hartgekochte und feingehackte Eier,
60 g zerlassene Butter,
500 g Möhren,
2 große Kartoffeln,
1 Zwiebel, 4 Eßl. Öl,
$1/4$ l flüssige Sahne,
$1^1/2$ Teel. Kräutersalz,
1 Eßl. gehackte Petersilie.

Zubereitungszeit: 45 Minuten
Garzeit: 10 – 15 Minuten

Die Wurzelenden und die grünen Spitzen von den Porreestangen abschneiden, diese sorgfältig waschen, in 6 – 8 cm lange Stücke schneiden, in ein Gemüsesieb legen und über Wasserdampf 10 – 15 Minuten garen. Die weichen Porreestangen in eine feuerfeste Form geben, mit den Mandelsplittern bestreuen und mit der zerlassenen Butter übergießen. Statt Mandeln kann man auch gehackte Eier vor dem Servieren über den Porree streuen.
Die Möhren und die Kartoffeln gründlich unter fließendem Wasser bürsten, in kleine Stücke schneiden und auf ein Gemüsesieb legen. In einem Topf Wasser zum Kochen bringen, darauf das Sieb mit dem Gemüse legen und den Topf schließen. Das Gemüse 10 – 15 Minuten bei kleinster Hitze garen lassen.
Die Zwiebel schälen, fein schneiden und in dem Öl glasig werden lassen. Die Sahne und das Kräutersalz hinzufügen. Die Möhren und die Kartoffeln durch eine Kartoffelpresse drücken und alles miteinander mit dem Schneebesen gut verschlagen. Mit der gehackten Petersilie bestreuen und mit dem Porree servieren.

Krem Jaroslawski (Fruchtcreme)

1 Päckchen Gelatine (12 g),
300 g Himbeeren, tiefgefroren oder frisch,
$1/2$ l Sahne,
80 g Blütenhonig,
Pistazien und Himbeeren zum Garnieren.

Zubereitungszeit: 10 – 15 Minuten

Die Gelatine 5 Minuten in etwas Wasser einweichen und bei kleinster Hitze auflösen. Die Früchte kleinschneiden und in eine Schüssel geben. Die kalte Sahne steifschlagen, die aufgelöste Gelatine und den Honig unter die Sahne ziehen, die Früchte darunter mengen und in einer mit Wasser ausgespülten Schale fest werden lassen. Vor dem Servieren die Speise auf einen Teller stürzen und mit Früchten und Pistazien garnieren.

Ein guter Morgen

Ein köstliches, liebevoll serviertes Frühstücksmenü hebt die Stimmung und die Schaffenskraft für den ganzen Tag und kann einen Griesgram zum Charmeur verwandeln. Decken Sie den Frühstückstisch schon am Abend und richten Sie sich alles griffbereit her, dann wird die Frühstückzubereitung am nächsten Morgen zum Vergnügen.

1. Tisch decken.
2. Getreide schroten und mit Mineralwasser, evtl. Trockenfrüchten und Nüssen einweichen. Die Schüssel, sowie Äpfel, Bananen und eine Glasschale neben die Gemüseraffel stellen.
3. Eine Platte für Käse, Tomaten, Salate, Gurken, Radieschen usw. mit einer kleinen Schüssel für die Salatsauce bereitstellen.
4. Einen Topf für das Teewasser auf den Herd stellen; daneben steht die Teekanne und die gewünschte Teesorte.
5. Ein Brotkörbchen liegt neben der Brotschneidemaschine.
6. Butterröllchen formen und auf einem Teller hübsch anrichten, abdecken und kühlstellen.
7. Zwei kleine Schüsseln mit Naturmarmelade und eine mit Honig füllen; mit Folie abdecken.
8. Früchte der Saison bereitstellen: mal eine Ananasscheibe, mal eine Pampelmuse, eine Avocado usw. Am Morgen frisch zerkleinern.

Gönnen Sie sich am Morgen eine halbe Stunde für sich selbst.

Mein Rezept:
1 Eßl. Quark gleichmäßig auf das Gesicht verteilen, Zähne putzen, Haare bürsten und unter die Dusche gehen. Erst warm (dabei entferne ich den Quark), dann kalt duschen. Bademantel anziehen, die Füße mit einem Pflegemittel einreiben und 5 – 10 Minuten etwas Erbauendes lesen.

Das Gesicht mit selbst hergestellter Naturkosmetik streicheln, ihm einen Hauch Makeup geben und etwas Rouge auflegen. Einen Holzkamm durch die Haare gleiten lassen. Ein letzter Blick in den Spiegel. Gefalle ich mir selbst? Die schon am Abend bereitgelegte, frische Kleidung anziehen. Körperlich erfrischt und seelisch gestärkt gehe ich in die Küche. Das Teewasser zuerst aufstellen, die Getreidespeise (der die größte Liebe geschenkt werden sollte) zubereiten. Sie ist das A und O unseres Wohlbefindens. Den Tee in einem vorgewärmten Krug aufgießen und nach 3 Minuten in die Teekanne füllen.

Die Gemüse-Käseplatte gestalten. Das Vollkornbrot schneiden und all die Köstlichkeiten mit der Butter, der Marmelade, dem Honig und den Früchten auf den Tisch stellen.

Buchweizenspeise

Zu dieser Getreidespeise braucht man keine Getreidemühle.

4 Eßl. Buchweizen,
8 Eßl. Mineralwasser,
1 Eßl. kleingeschnittene Datteln,
2 Eßl. abgezogene, gebräunte,
geriebene Mandeln,
1 Eßl. Zitronensaft,
100 g Himbeeren oder Kirschen (entsteint),
2 Äpfel,
$^1/_4$ l Schlagsahne,
5 Himbeeren,
10 Pistazienhälften.

Den Buchweizen mit dem Mineralwasser und den Datteln über Nacht in einer nicht zu kleinen Schüssel einweichen.
Am nächsten Morgen die Mandeln, Zitronensaft, Himbeeren oder Kirschen zufügen. Die Äpfel mit der Schale fein raspeln und sofort unter die Speise mengen. Zum Schluß die steifgeschlagene Sahne vorsichtig unterheben. Die Köstlichkeit in eine Schüssel geben, mit etwas Schlagsahne überziehen und mit den Himbeeren und den Pistazien garnieren.

Haferspeise

4 Eßl. geschroteter Hafer,
8 Eßl. Mineralwasser,
1 Eßl. Rosinen,
2 Eßl. Walnüsse,
100 g frische Ananas oder Orangen,
2 Äpfel,
$^1/_4$ l Schlagsahne,
1 Mandarine,
5 Walnußkerne.

Zubereitung wie Buchweizenspeise, mit Mandarinenspalten und halbierten Walnüssen garnieren.

Weizenspeise

4 Eßl. geschroteter Weizen,
8 Eßl. Mineralwasser,
1 Eßl. kleingeschnittene,
ungeschwefelte Aprikosen,
1 Eßl. grob geraspelte Haselnüsse,
1 Eßl. Zirtonensaft,
100 g frische Aprikosen,
2 Äpfel,
1 zerdrückte, leicht geschlagene Banane,
2 Eßl. Schlagsahne,
2 Aprikosen,
1 Kiwi.

Zubereitung wie Buchweizenspeise, mit Aprikosenstückchen und Kiwischeiben garnieren.

Kollath-Frühstück

Bei einem Gespräch mit der Frau des verstorbenen Ernährungswissenschaftlers Prof. Werner Kollath, erinnerte ich mich, daß mir schon vor Jahren ein lieber Freund berichtete, er hätte ohne die Kollathflocken sein Studium nicht geschafft.
Als ich dieser bemerkenswerten Dame gegenüber saß, dachte ich an unsere Studenten, die sich ohne Zeitaufwand und ohne eine Getreidemühle ein Frühstück bereiten könnten, das den Geist belebt und den Körper stärkt.
Die Kollathflocken sind in jedem Reformhaus erhältlich (die Basis bilden Hafer und Hirse). Man braucht sie nur in eine Schüssel geben, etwas frisches Obst hineinschneiden, falls erforderlich einen Teelöffel Honig und Milch oder Joghurt unterrühren, ein paar gehackte Nüsse darüberstreuen – fertig!

Gemüse

Nähr- und Wirkstoffgehalt in 100 g eßbarer Substanz

	Einheit	Artischocken	Auberginen	Bohnen	Erbsen	Gurken	Weißkohl	Lauch	Meerrettich	Möhren	Paprika	Rettich	Rote Bete	Schwarzwurzeln	Sellerie	Sojabohnen	Spargel	Spinat	Tomaten
Eiweiß	in Gramm	2,4	1,2	2,2	6,7	0,6	1,4	2,2	2,8	1,0	1,2	1,0	1,5	1,4	1,5	36	1,9	2,4	0,9
Fett	in Gramm	0,1	0,2	0,3	0,5	0,2	0,2	0,3	0,3	0,2	0,3	0,1	0,1	0,3	0,3	18	0,1	0,4	0,2
Kohlenhydrate	in Gramm	12,2	4,6	5,0	13,9	1,3	4,2	6,3	15,3	7,3	4,7	3,5	7,6	16,3	7,4	20	2,9	2,4	3,3
Kalorien		60	53	33	93	10	24	38	76	35	28	19	37	74	38	403	20	23	19
Joule		251	105	138	389	42	100	159	318	146	117	79	155	309	159	1685	84	96	79
Natrium	in Milligramm	47	6	2	2	8	13	5	9	45	2	17	86	5	77	4	4	60	6
Kalium	in Milligramm	350	266	260	300	140	230	225	550	280	210	255	340	320	320	1900	210	660	300
Kalzium	in Milligramm	53	13	50	26	15	46	85	105	35	10	34	30	53	70	226	20	110	14
Magnesium	in Milligramm	26	11	26	30	10	23	15	—	21	12	8		23	9	235	20	62	20
Phosphor	in Milligramm	130	21	37	120	23	27	4	65	30	30	26	45	76	80	554	45	48	26
Eisen	in Milligramm	1,5	0,4	0,8	1,9	0,5	0,5	1	1,4	0,7	0,7	1,5	0,9	1,5	0,5	8,4	1	3	0,5
Mangan	in Milligramm	20					0,14												
Vitamin A	I.E.	167	50	520	900	280	70	40	33	13500	1000	38	180	33	25	80	500	8200	1000
Vitamin B1	in Milligramm	0,140	0,04	0,073	0,28	0,018	0,05	0,10	0,14	0,070	0,06	0,033	0,022	0,110	0,036	1,14	0,11	0,086	0,057
Vitamin B2	in Milligramm	0,012	0,05	0,140	0,15	0,030	0,04	0,05	0,11	0,055	0,05	0,030	0,040	0,035	0,070	0,31	0,12	0,240	0,035
Vitamin B6	in Milligramm			0,140	0,18	0,035	0,11			0,065		0,060	0,050		0,2	0,64	0,60	0,220	0,100
Niacin	in Milligramm	0,100	0,60	0,500	2,10	0,50		0,50	0,6	0,8	0,30	0,2	0,2		0,9	2,10	1,0	0,600	0,530
Vitamin C	in Milligramm	8	5	20	25	7	46	20	110	6	140	30	10	4	8	Spuren	20	47	24
Vitamin E	in Milligramm			1,5	0,6		0,7	2,0	0,6	2,6	0,65			6,0	2,6	6–11	2,5	2,5	
Vitamin K	in Milligramm						0,290												0,270

Früchte

Nähr- und Wirkstoffgehalt in 100 g eßbarer Substanz

	Einheit	Äpfel	Aprikosen	Apfelsinen	Bananen	Birnen	Kirschen	Pampelmusen	Pfirsiche	Quitten	Rhabarber	Zwetschgen	Zitronen
Eiweiß	in Gramm	0,3	0,9	1,0	1,1	0,5	0,8	0,7	0,7	0,3	0,6	0,7	0,7
Fett	in Gramm	0,3	0,1	0,3	0,2	0,4	0,5	0,2	0,1	0,3	0,1	0,1	0,6
Kohlenhydrate	in Gramm	12,1	12,4	9,1	21,0	13,3	14,0	9,8	10,5	14,9	4,0	13,3	7,1
Joule		217	226	226	376	247	268	134	192	238	84	222	117
Kalorien		52	54	54	90	59	64	32	46	57	20	53	28
Natrium	in Milligramm	2	1	3	2	2	2	2	3	3	3	2	3
Kalium	in Milligramm	140	300	170	370	120	230	180	220	203	290	170	135
Kalzium	in Milligramm	8	14	44	10	17	16	20	10	14	44	13	20
Magnesium	in Milligramm	3		15	32	10	14	15			33	13	16
Phosphor	in Milligramm	10	24	23	30	22	25	17	30	19	30	23	16
Eisen	in Milligramm	0,3	0,6	0,5	0,5	0,3	0,4	0,2	0,6	0,3	0,6	0,4	0,4
Vitamin A	I.E.	100	2000	230	420	170	105	30	770	30	200	250	25
Vitamin B1	in Milligramm	0,027	0,04	0,07	0,04	0,04	0,03	0,05	0,04	0,03	0,027	0,070	0,05
Vitamin B2	in Milligramm	0,030	0,05	0,05	0,05	0,03	0,03	0,03	0,05	0,02	0,030	0,035	0,02
Vitamin B6	in Milligramm										0,035	0,050	
Niacin	in Milligramm	0,100	0,8	0,30	0,70	0,20	0,20	0,20	0,80	0,2	0,100	0,500	0,20
Vitamin C	in Milligramm	12	7	50	11	5	10	45	11	15	13	6	53
Vitamin E	in Milligramm				0,5						0,2		

Beeren

Nähr- und Wirkstoffgehalt in 100 g eßbarer Substanz

	Einheit	Brombeeren	Erdbeeren	Heidelbeeren	Himbeeren	Holunder	Rote Johannisb.	Preiselbeeren	Hagebutten	Schwarze Johannisbeeren	Weintrauben	Stachelbeeren
Eiweiß	in Gramm	1,2	0,9	0,6	1,3	2,5	1,1	0,3	2,7	1,0	0,7	0,8
Fett	in Gramm	1,0	0,4	—0,6	0,3	0,5	0,1	0,5	0,7	0,1	0,5	0,1
Kohlenhydrate	in Gramm	8,6	8,0	13,6	8,1	15,9	7,9	11,6	30,0	10,4	16,5	8,8
Kalorien		48	39	62	40	42	37	42	102	46	74	44
Joule		201	163	259	167	176	155	176	426	192	309	184
Natrium	in Milligramm	3	3	1	1	0,5	2	2	50	3	2	2
Kalium	in Milligramm	190	140	65	170	305	240	72	50	340	160	200
Kalzium	in Milligramm	30	26	10	40	35	25	14	510	17	15	20
Magnesium	in Milligramm	24	12	3	25		5	6	120	14	15	9
Phosphor	in Milligramm	30	33	9	44	57	32	10		28	26	30
Eisen	in Milligramm	0,9	0,9	0,7	1	1,6	0,9	0,5		0,9	0,5	0,6
Vitamin A	I.E.	450	60	220	70	600	100	30		220	50	350
Vitamin B1	in Milligramm	0,03	0,03	0,02	0,02	0,07	0,04	0,014	0,100	0,054	0,040	0,016
Vitamin B2	in Milligramm	0,04	0,07	0,02	0,05	0,08	0,02	0,024	0,007	0,030	0,035	0,018
Vitamin B6	in Milligramm		0,04	0,09	0,09	0,25	0,05	0,012		0,080	0,1	0,020
Niacin	in Milligramm	0,40	0,40	0,40	0,30	1,50	0,20	0,2	0,400	0,350	0,2	0,2
Vitamin C	in Milligramm	17	59	22	25	18	32	12	500–800	170	4	35
Vitamin E	in Milligramm								47			

Tabelle aus: Nutze die Heilkraft unserer Nahrung von Dr. med. E. Schneider, Saatkornverlag, Hamburg.

Rezeptverzeichnis

Gesunde Küche für Feinschmecker

Vollwertkochbücher von Marlis Weber,

Dozentin an der Reformhaus-Fachakademie und Autorin zahlreicher Bücher zur Vollwerternährung:

Naturküche – gesund & lecker

Das biologische Grundkochbuch für die natürliche Vollwertkost. Über 500 Rezepte ohne Fleisch. Menüpläne. 170 Seiten mit 20 Farbtafeln.

Vollwertküche für 1 Person

Rund 200 Köstlichkeiten für die kleinen Küchen der Koch-Solisten: Alles in kleinen Mengen mit genauen Nährwertangaben und vielen Tips für die Resteküche. 190 Seiten mit 16 Farbtafeln.

Gesund & fit mit frischen Säften

Vitaminreiche Säfte, frisch gepreßt und bunt gemixt, aus Früchten, Gemüsen, Kräutern und Wildpflanzen – Schluck für Schluck gesundheitsfördernd! 102 Seiten mit 4 Farbtafeln.

Das neue Vollkornbackbuch

Über 100 erprobte Rezepte, darunter viele für Diabetiker oder die glutenfreie Ernährung – Vollwertgebäck, das unvergleichlich gut schmeckt, süß und pikant, aus Vollkornmehl oder -schrot, mit Honig gesüßt. 175 Seiten mit 16 Farbtafeln.

Mit Vollkorn kochen

Getreideküche für Feinschmecker. 144 Seiten mit 8 Farbtafeln.

Alles Gute für Herz & Kreislauf

mit Dr. med. Klaus Mohr. Neue Gesundheit durch Umstellung der Lebensweise und Vollwertdiät. Rezepte für eine cholesterin- und kochsalzarme Kost. Anleitungen zu Atem- und Entspannungsübungen. 120 Seiten mit 8 Farbtafeln.

Geschenkbücher aus der kleinen Vollwert-Bibliothek von Christina Kleiner-Röhr:

Köstliches Vollwertkonfekt

Pralinen ohne Zucker, aus natürlichen Zutaten – Nüssen, Mandeln, Früchten und Honig. 54 Seiten mit Farbtafeln.

Vollkorn, Honig, Mandelkern

Das Vollwert-Backbuch für die Weihnachtszeit. Advents- und Weihnachtsgebäck aus echtem Schrot und Korn. Weihnachtsbräuche aus aller Welt. Geschichten und Gedichte zum Vorlesen. 91 Seiten mit Farbtafeln.

Vollwert-Desserts

Süßspeisen ohne Zucker, einfach und schnell, aus Früchten, Nüssen, Mandeln, Honig, Sahne, Quark und anderen Vollwertprodukten. Rund 80 Seiten mit Farbtafeln.

Vollwertsuppen

Gesunde Suppen mit Gemüse, Kartoffeln, Getreide und Früchten, ideal für Kinder und Senioren. 90 Seiten mit Farbtafeln.

Schlank & fit mit Körnern und Salaten

Problemlos abnehmen, ohne zu hungern, nach einem neu entwickelten Frischkostplan: Morgens reichhaltige Müslis, nachmittags köstliche Salate zum Sattessen. Kurprogramm für 21 Tage. 70 Seiten mit Farbtafeln.

HÄDECKE **H** VERLAG

Postfach 1203 · Tel. 0 70 33/22 64
7252 Weil der Stadt

Gesundheitsratgeber

Die Molke-Trinkkur

von Dr. med. H. Anemueller. Das klassische Naturheilverfahren für den gesamten Organismus. Anwendungsmöglichkeiten, Kurprogramme, Begleitdiät für 21 Tage. 140 Seiten mit 8 Farbtafeln.

So hilft die Natur bei Arthrose

von Dr. med. H. G. Schmidt. Vorbeugung und Behandlung mit bewährten Mitteln der Naturheilkunde. Ein 7-Punkte Programm mit vielen Abbildungen.

So hilft die Natur bei Beinleiden

von Dr. med. H. G. Schmidt. Ein 7-Punkte-Programm gegen Krampfadern, Thrombosen, Durchblutungsstörungen. 71 Seiten mit 33 Abbildungen.

So hilft die Natur durch Heilfasten

von Dr. med. H. G. Schmidt. Die besten Fastenmethoden, knapp und leicht verständlich von einem erfahrenen Kurarzt dargestellt.

Richtig essen hilft gewinnen
Sporternährung – praxisnah

von Dr. Michael Hamm und Manfred Nilles. Die richtige Ernährung zur Steigerung der Leistungsfähigkeit im Sport (und Beruf). Leicht verständliche Anleitungen auf 112 Seiten mit zahlreichen nützlichen Tabellen.

Gesund & fit durch die Kneippkur zu Hause

von Gerhard Leibold. Häusliche Anwendungen zur Verlängerung des Kurerfolges. 87 Seiten mit vielen Abbildungen.

Wie pflege ich Kranke zu Hause?

Alles über häusliche Krankenpflege – ein wichtiger Ratgeber für Angehörige und Pfleger, die einen Patienten zu Hause zu betreuen haben. 130 Seiten mit vielen Abbildungen.

Gesund und fit durch Mineralstoffe

von Gerhard Leibold. Erweiterte Neuausgabe über die lebenswichtige Bedeutung von Mineralstoffen und Spurenelementen. Ein Sachbuch für Patienten und medizinische Berufe. 128 Seiten mit vielen Abbildungen.

Erhältlich in jeder Buchhandlung und in vielen Reformhäusern. Bitte fordern Sie ausführliche Informationen vom Verlag an.

HÄDECKE **H** VERLAG
Postfach 1203 · Tel. 0 70 33/22 64
7252 Weil der Stadt